松本隆 言葉の教室

延江浩

松本隆　言葉の教室

夕陽を言葉にしてごらん
世界が一変するよ

はじめに

はじめまして。松本隆です。

この本では、ぼくが話したことを延江浩（のぶえひろし）さんが文章にしてくれています。

最初に断りを入れないといけないな。「言葉の教室」というタイトルがついてますね。でも、ぼくにはテクニックや方法論について、人に語るようなことなど、なんにもないんですよ。長年作詞家として仕事をしてきたので、体のどこかにテクニックが染みついたところはありますけれど、むしろ毎回それをゼロに戻して、無になって書いてきました。

テクニックに頼った瞬間、言葉は浅くなるんです。

たとえば手紙の時候の挨拶とかありますよね。型にはまったフレーズ。それを使っておけば誰もが安心できる、そういう言葉です。それって、「暗黙の了解」にはなるかもしれませんけど、人の心を動かすことはできないでしょ。

それと同じで、

「これだけ押さえておけば大丈夫」

「この言葉を入れればＯＫ」

こういう定型やテクニックは、ぼくからいちばん遠いところにあります。

でも、ぼく自身、どういう表現をすれば人の心が動くのかについて考えたことはあって、それは、潜在意識に届く言葉なんですね。意識には顕在意識と潜在意識とがありますが、テクニックや定型が向かうのは顕在意識のほうで、ここにいくら訴えても感動は生まれない。言葉は潜在意識に届けないと、人の心は動かないんです。

潜在意識に言葉を届けるには、つくる側も潜在意識を使う。つまり、頭で考えるものでも、頭でつくるものでもなくて、どれだけ自分を空白に、無にしておけるか、なのです。

真っさらな状態がベスト。そこから浮かんでくる言葉で表現する。

喩（たと）えていうなら、部屋を借りるときに、家具付きの家って便利ですよね。でも家具があらかじめ備わっている分、制約もできてしまう。本当に自由に好きな家をつくるなら、家具が全くない状態がいいのです。なにもない状態は人を不安にさせますけど、無から生まれるものには強さが備わっています。

少し話は飛びますが、ぼくは風とか空気とか気配を大事にしています。つまり、目に見えないけれど、本当はあるもの、です。新聞やテレビが伝えることは目に見えるものですが、そういうことはたいていどうでもよくて。活字や画面の向こうにある、目に見えないものにたどり着きたいと思ってきました。

人に対しても同じように考えていて、男とか女とか、若いとか老いてるとか、地位があるとかないとか、肩書きとか、そういう表面的なところは、ぼくにとってたいして意味を持ちません。いい人悪い人とか、そう簡単に割り切れるものでもないし、そんな単純な人間などいません。全部取っ払って、深いところに埋もれているものが、ぼくにとって金脈で、そこまで掘り下げることで言葉が生まれてきました。

表現というのは、これまで生きてきたなかで経験したこと、感じたこと、読んだもの、観たもの、聴いたもの、いろんなものが組み合わさって、それが、確かなリズムとバランスで形をなしたとき、人の琴線に触れる力を持ちます。多くの人の心を動かしたとき、その表現は普遍となってあとに残る。

２０２１年は作詞活動50周年で、ひと区切りの年になりました。7月に出したトリビュートアルバム『風街に連れてって!』では、ぼくが70年代80年代につくった歌を、90年代、２０００年代生まれの人たちも参加して歌ってくれた。それを聴いてくれるのは当時生まれていない世代。これって画期的なことです。歌い継がれて普遍になるって、意外と難しいことだから。

ぼくはずっと日本語にこだわって表現してきました。たとえば日本語のいいところは、青という色を表現するとき、その方法が何十種類もあることです。藍(あい)色、群青(ぐんじょう)色、瑠璃(るり)色……。英語だとひとことブルーに尽きるところを、青(せい)藍(らん)、空(そら)色、紺碧(こんぺき)……無限にあります。それに自分で新しい言葉をつくることだってできる。

人間は頭が良くなっちゃって、コミュニケーションがとりにくくなってるでしょ。動物だと、ライオンが来たぞって空気でわかってピッと耳が立つけど。人間はそうした本能が薄くなっちゃったから、努力しないとコミュニケーションがとれない。とくに都会では隣に誰が住んでるかもわからないし。それは困った問題で。そういうのを歌で埋められないかなってことは考えていた。コミュニケーションだよね。言葉と歌でコミュニケーションをとりたい。

そう思ってやってきて、いま、作品が歌い継がれているのを見ると、ぼくのやり方はそう間違ってなかったと思えます。

テクニックやコツとはほど遠い、ぼくがぼくなりに考えてきた言葉とのつき合い方について、この本で話してみます。

もくじ

レッスン2

レッスン3

アフターレッスン　松本隆のポリシー

松本隆をめぐるナイン・ストーリーズ――延江浩

レッスン1

記憶は宝箱　創作の源

堆積した記憶のなかから取り出す

ぼくは10代の頃にバンドを始めて、そのまま作詞家になったので、20代、30代は馬車馬のように働きました。その時期につくった詞は、自分のなかに堆積している記憶がベースにあります。

もし、詩や歌詞を書きたいと思っている人がこの本の読者にいるなら、毎日起きていることと、自分の目に映ること、シーンや感情を記憶に刻んでおくといいと思います。すべてを覚えていることはできないけれど、忘れているようで、記憶は堆積していくものだから。すっかり忘れたと思っても、記憶は立ち上がってきます。メモなんかとらなくて大丈夫。なにかのきっかけでポンと出てくるものです。

ぼくの場合、人と話しているときに情景が蘇ってくる。情景が蘇ると、その色合いだったり、肌触りだったり、風の冷たさだったり、当時感じたことが次々に戻ってくる。普段、頭のなかは、ここ2、3日のことでいっぱいで、硬い岩盤のようになっているけど、ふとした瞬間に、20年も30年も、ましてや50年前の記憶が立ち上がってくるのだから不思議です。

幼い頃に観たドイツ映画から

森進一さんに書いた「冬のリヴィエラ」は、小学5年くらいのときに観たドイツ映画から発想しました。ゲオルク・トレスラーという監督で、「死の船」というタイトルでした。

当時、渋谷の東急文化会館にあったパンテオンに幽霊船が描かれた大きな看板を見つけました。ちょうど東京に遊びに来ていた伯父に「面白そうだから観たい」と頼んで連れていってもらった覚えがあります。

主人公は娼婦に騙（だま）されて有り金を全部取られた船員です。マルセイユで奴隷船みたいなものに乗り込むのですが、最後その船は沈没してしまう。主人公はただひとり大西洋の真んなかで生き残って、ボートに浮かんでいるところで映画は終わります。

どっちにしても死ぬのになぁ……と思った覚えがあります。

エルケ・ソマーという女優は、このあと別の映画で有名になりますが、なんとも妖艶で。憧れとして脳裏に刻まれました。

森進一さんに詞を書くとなったとき、この映画が思い浮かびました。その頃は再上映なんかないし、もちろんDVDもレーザーディスクもない時代だから、小5で観た感触を手がかりにしました。

後日、「グーグルさんなら見つけられるかな」と検索したら、果たして映画自体は見つかりましたが、字幕なしのドイツ語で、いまにいたるまで観直したことはありません。

大人になって訪れた南仏のニースやイタリア・ジェノバの港町が好きで、とくに、冬でも毛皮を着込んで吹きっさらしの寒いなか、オープンカフェで珈琲を飲んでる男たちの美しさがひときわ目に焼きついています。そうした記憶が自分のなかに幾重にもなっている。

人生最初の作詞は、思い起こせば、中学生のときでした。「ファントマ Fantômas」というフランス映画のシリーズがあって、題名は「怪盗」とか「怪人」とか訳されるのかな。覆面盗賊が主人公。そのシリーズに歌をつけようと、友人がつくった曲にぼくが詞を考えた。それがどんな内容だったか、もうすっかり忘れてしまったのだけど。

観たものから想像を膨らませて詞をつくるというのは、「言葉の教室」での最初の一歩といえるかもしれません。

場所の記憶

いろんな場所に行きました。旅先での記憶から大きな影響を受けてきました。印象に強く残っている場所をひとつ挙げるなら、南アフリカの喜望峰かな。500年以上前にポルトガル人の冒険家が初めて見つけたとされるアフリカ大陸の岬ですね。あそこに立ったときに体で受けた風を、いまも忘れられません。実は偽の喜望峰もあって、偽物のほうが断崖絶壁で景色が素晴らしい。偽物がはるかに本物っぽいけど、とりたてて特徴のない地味な入り江のほうが本物なんです。

断崖絶壁に立つと、右に大西洋が、左にインド洋が、正面には見えないけれど南極があることが感じられます。南風は身を切るほど冷たい。その風が海を渡って、自分を吹き抜け、アフリカのサバンナまで届くかと思うと、とてつもない気がした。そうした肌で感じた記憶があとに残っていきます。

その場に行かないと感じられない気持ちがあります。グーグルアースがあろうとも、経験しなければ書けないことがあります。その場に立つことで感じることがあります。想像だけでは無理で、書けたとしても、人に対して説得力を持ちえないのです。

エジプトに行ったときにはカイロの町が黄土色だって思いました。街のあらゆる場所にサフランの香りが漂っている。サフランって、黄土色のちょっと明るい感じでしょ。

サフランライスもそういう色をしてますね。

原田真二さんの「タイム・トラベル」に蕃紅花色って使ったな。ドアの色を表しました。

香港に行ったときには、香港にしかない独特な匂いを感じました。きっと外国の人が日本に来ると、日本独特の匂いを感じるかもしれない。味噌とか醤油とか、そういう匂いでしょうね。

文化、歴史、その場所が背負っているものは目には見えません。写真にもデータにも映らないけれど、その場に行くと感じるものがある。

目に見えない記憶がぼくたちのなかに堆積しています。

本の記憶

読んだ本からもたくさんの詞が生まれました。

子どもの頃から本が好きでした。小学校低学年のとき、スキーに連れていってもらえることになって楽しみにしていたら、前日かな、大きな交通事故に遭ってしまいます。

オートバイが自転車に乗っていたぼくを跳ね飛ばした。おかげで頭に大怪我をして2ヶ月くらい入院しました。

スキーに行けなくて残念だったけど、入院中は親戚が代わりばんこにお見舞いに来てくれました。7、8歳といえば漫画です。「月刊少年マガジン」とか「まんが王」とか「冒険王」とか「少年画報」などを毎日一冊ずつ差し入れてもらって。そのうち漫画雑誌が種切れになって、叔母が買ってきてくれたのが少年少女世界科学冒険全集の『地底王国』という少年もののSFでした。

それがいわゆる漫画以外で初めて手にした書物です。包帯で頭をぐるぐる巻きにして読んだ。だからSFはぼくのなかで強く残っています。

のちにぼくは南佳孝さんと『冒険王』というアルバムをプロデュースするのですが、そのとき、普通のレコードじゃつまらないから、SFみたいなのをやろうと相談して、小松崎茂さんというSFの絵を手がけてきた作家にジャケットを依頼しました。食事の席で「松本さんは少年時代どんな本を読んでたんですか?」と小松崎さんから訊かれて、「『地底王国』です」と答えたら、「それ、ぼくが描いたんですよ」って。

その絵がすごく好きだったので、こんな風に運命の人とつながることができるのだと感動しました。

少年少女世界科学冒険全集を知ってから普通の本も読むようになります。夢中になったのは江戸川乱歩です。明智小五郎が出てくる『少年探偵団』とか、あのシリーズです。江戸川乱歩の小説の舞台は青山界隈など、ぼくがよく知っているあたりが多かった。怪しい洋館だったり天文台だったり、そういうところに親近感を覚えました。

江戸川乱歩からエドガー・アラン・ポーという人がいるらしいということも知り、それから横溝正史や小栗虫太郎と、好きな世界が広がっていきました。

多感な時期の読書歴

小学校から中学・高校にかけて影響を受けたのは、ボードレールの『悪の華』やジュリアン・グラックの『大いなる自由』などです。

当時、ぼくの部屋には造り付けの二段ベッドがあって、下の段には弟が、ぼくは上に寝てました。ちょうど枕元に父親の本棚があって、寝る前に一冊手に取ってみると、

『悪の華』って書いてある。なんだろう？　って。

「華」を「はな」と読むんだとも知った。詩人で仏文学者の堀口大學が訳したもので、見た目もゴシックっぽくて、惹（ひ）かれた。そのあたりからぼくのゴシック趣味が芽生えたかもしれません。

「憂鬱（ゆううつ）」とか「襤褸（ぼろ）」とか難しい漢字がたくさん並んでいて、書いてある内容をちゃんと理解していたとは思わないけど、知らずに影響を受けてるんですね。

はっぴいえんど時代につくった「風をあつめて」には「緋色の帆を掲げた都市」というフレーズが出てきますけど、これはボードレールを意識しています。都市って船みたいでしょ。NYのマンハッタンも形が船みたいだし。東京も船みたい。「十二月の雨の日」も、ボードレールがカフェの椅子に座って、流れていく群衆を見ているイメージから浮かんできたもの。

19世紀のパリにはジャン・コクトーという詩人もいて、小説も戯曲も評論も書くし、映画も撮るし絵も描いた。多彩な人で、彼のことも好きでした。影響を受けました。

自由気ままにインプット

ぼくは雑食で、喰わず嫌いがありません。だからなんでも読みます。好きなジャンルというのもありますけど、こだわりはありません。何事も、あんまりこだわらないのがぼくの性格。

頼るべきは勘。書店に行って、おもしろそうだなと思えば、買ってみる。

たとえば、ぼくの若い頃だと、川端康成なんていうと、当時（選挙で応援演説をするなど）政治にも足を突っ込んでいたので、「あの人は文学者として終わった」なんて言う人もいました。でも、『雪国』を読むととんでもない天才だということはすぐにわかった。

『雪国』は夜汽車の情景から始まりますよね。窓越しに街の灯りが見える。窓ガラスの内側には車内の自分の顔が映っている。すごい描写だと思った。本当に好きでしたね。複雑で繊細なところを川端は書いていく。本物だからリスペクトしたほうがいいと即座に思いました。

川端康成は小説家でありながら、言葉を「引いていく」ことを知っている人です。足し算、引き算の「引く」。小説は言葉を足していく作業だけど、川端は足した上で引くことができる。稀有な才能の持ち主でした。

韓流ドラマも好きで20年以上よく観てます。一昨年だったかな、韓国のポン・ジュノ監督が外国語映画として初のアカデミー賞作品賞を獲ったけど、彼のことはずいぶん前から注目してました。「ほえる犬は噛まない」とかね。

たいがい、おもしろいと思うのが人より早いもんだから、みんながおもしろいと言い始めるときには飽きていることもあります。

そうやって観てきた映画や読んだ小説、体験したことすべてが表現のもとになっています。だからといって、創作するためにインプットしようとすると、それは不自然。なにかのためになにかをするというのはとても不自然なこと。不純な動機で得た知識は不純な作品しか生みません。

音楽の記憶

小学生のときにオートバイに跳ねられて入院していたとき、同じ病室にいた大人の男の人が「デビー・クロケットの唄」を歌ってくれました。その歌詞がすごく気に入って、たしか10番以上あって、すごく長いんだけど、おもしろいから「歌詞を教えて」と頼んだら、ノートに書いてくれました。それが歌との最初の出会いです。初めて、自分が好きでその歌を聴きたい、覚えたいと思いました。

デビー・クロケットというのは西部開拓時代のアメリカの国民的ヒーローで映画にもなっていて、そこから西部劇にはまっていきます。「荒野の決闘」とか「黄色いリボン」とか、ジョン・ウェイン、ジョン・フォードが活躍する時代です。「荒野の七人」とかも好きだったな。

ぼくの父親は大蔵省の官僚で、働くことが趣味のような人間でした。ほとんど家にいないのだけど、同僚にオーディオ・マニアがいて、その人自作の電気蓄音機がなぜかうちに置いてあった。冷蔵庫ぐらいの大きな箱で、ふたを開けるとLP盤をかけるプレーヤーがある。レコードを買えるほど小遣いをもらっていなかったので、雑誌の付録になっていたソノシートを聴いてました。「月光仮面」の主題歌とか、西部劇のサントラなど。

西部劇の音楽から、そのうちドヴォルザークの「新世界より」なんかも聴くようになります。クラシックはドビュッシー、ラヴェルとか、フランス音楽が好きでした。あとはストラヴィンスキーとかですね。

忘れもしない中3のとき、ビートルズの「I Want To Hold Your Hand」に出会います。普通だったら聴いて「いい曲だった」で終わるのに、聴いた瞬間自分でやりたいと思った。そこから音楽の扉が開きました。

いいものが残っていく

クラシック音楽に歌詞をつける仕事もしてきました。最初に手がけたのはシューベルトの「冬の旅」。1992年です。シューベルトって31歳の若さで亡くなっているのですが、ぼくのなかで元祖〝ヒッピー〟で、吟遊詩人なんです。定職に就かないでぶらぶらして、譜面を売って得たお金もすぐ人に奢(おご)って使っちゃうとかね。

日本ではクラシックなどの古典芸術を神棚に飾って拝む傾向を感じますけど、ぼくはそういうの、好きではなくて。シューベルトだって青春の葛藤を曲にしてるわけです。100年前の曲も、200年前の曲も、みんないいじゃないって思います。いいものはいい。いいものは残っていく。

クラシックというと、権威があるとか、箔がつくとか考える人もいるけれど、ジャンル分けには意味がない。ロックの人もクラシックを聴けばいいし、クラシックの人もジャズやロックを聴けばいいって思います。ごちゃまぜになったほうが得ることが当然ある。

レッスン2

視点と距離　どこから切り取るか

目に映るものをノートに書いてみよう

日記はほとんどつけたことがありません。せいぜい子どもの頃の夏休みの絵日記を無理やり書いたくらい。メモを取らないことで有名でした。メモしないと忘れちゃうような言葉は忘れちゃっていい。いまはiPhoneのメモ機能が便利なので重宝してます。最近スマホにメモったのは寿司屋の名前（笑）。知人がおいしいって言ってたので、忘れないようにって。

あるとき、実験的に目に映るものすべてをノートに書いてみようとやってみたことがありました。待ち合わせた人がなかなか来ないので、その時間潰しにちょうどいいな、と。

喫茶店の、外のよく見える窓際に腰をおろして、そこから目に入ってくるものを次々言葉に置き換えていきました。そうすると大学ノート3ページくらいが、気づけばびっしりと文字で埋まってました。

人間の目がとらえる情報量って、自分が考えているよりずっと多いです。目になにがどう映るか。普段は意識しないけど、敢（あ）えて意識的にものを見ると、発見があるかもしれません。

通りから見た風景

「十二月の雨の日」はぼくが初めて大滝詠一さんに書いた詞なんですが、六本木で目に映った風景が元になっています。

水の匂いが　眩しい通りに
雨に濡れた　ひとが行き交う
雨あがりの街に　風がふいに立る
流れる人波を　ぼくはみている

「十二月の雨の日」より

視点をどこに置くか、ですね。この場合、ぼくはテレ朝通りから六本木通りに出たところに立って見ている。初めて大滝さんに呼ばれて下宿に遊びにいったときのことでした。

当時、ぼくが住んでいたのは西麻布。自宅を出て、富士見坂を上って、いまのテレ朝通りでタクシーをつかまえようとしたとき、雨が降ってきた。

銀座に向かうタクシーはたくさん来るのに、反対方向はなかなか来ない。雨が降るなか、行き交う人々の光景が目に焼きつきました。

もしぼくの視点がもっと上、たとえばビルの屋上から見てたら、もしくはもっと下のほうで、たとえば猫の目線だったら、違う詞になっていた。

その日はちょうど11月30日。なぜ覚えているかというと、雨は11月30日までしか降らないと天気図にあったから。12月1日になると雨は上がるはず。それで「十二月の雨の日」というイメージが頭に思い浮かびました。

やっとタクシーを拾って、大滝さんが下宿するアパートに着いた頃、雨は上がりました。ぼくは炬燵に入って、「ちょっと待ってて、ひとつ詞を書いてみるから」と伝え、そのときは「雨あがり」という仮タイトルをつけてこの詞を書きました。

のちに大滝さんにこのときのことを話すと、曰く、「あれはおれの部屋じゃなくて、布谷文夫さん（編集部注・ロックシンガー、当時大滝詠一らと「タブー」というバンドを結成していた）の部屋だったんだよ」って。居候してたんだね。「雪が降ってたら

『十二月の雪の日』になってたんだ」と笑ってもいました。
大滝さんが2013年12月30日に急逝したことで、「十二月」というメタファーはぼくにとって心の痛みを伴うものとしていまもあります。

その日、炬燵で書いたもう一篇が「春よ来い」です。

お正月と云えば
炬燵を囲んで
お雑煮を食べながら
歌留多を　していたものです

「春よ来い」より

後づけでいうと、この詞は「お正月」「炬燵を囲んで」「お雑煮を食べながら」というように、「O」の頭韻を踏んでます。それで印象が丸っこくなっています。とげとげしさがないでしょう。当時はそういうことをとくに考えてなくて、自然に出てきた言葉でしたけど。

「お正月」「炬燵」という言葉が持つ温かい響きに憧れながら、いまの自分の寒さにいたたまれなくなって、「春よ来い」と叫んでしまう詞です。

朝方、二篇が出来上がった頃には大滝さんは熟睡していたので、起こさないまま、詞だけ置いて帰りました。外に出ると、雨はすっかり止んでいた。

視点をどこに置くか

「風をあつめて」には深川あたりから東京を見ているイメージがあります。深川って、ぼくの祖父の親戚が住んでいたので縁がありました。お葬式があると、三味線を持った人たちが集まってくる、そんな東京の下町です。そのあたりの緩やかな坂の先に東京が見える。そういうイメージです。

当時の東京は東京タワーがそびえているくらいで、たいした都会ではなかった。路面電車はもうなかったけれど、ビルといえば、浜松町にあった世界貿易センタービルと虎ノ門の霞が関ビル（当時、日本一の高さだった）くらい。摩天楼なんて姿形もない。池袋にサンシャインビルが建つのは、それから10年くらい経ってからのことです。
いま「風をあつめて」を聴くと、東京湾や浜離宮のあたりが思い浮かぶかもしれません。ゆりかもめですか？　と訊かれることもあります。でも、実際にゆりかもめが開通するのはずっとずっと先のこと。あの頃のぼくは未来の東京を幻視していたんだな、と思います。

風をあつめて

街のはずれの
背のびした路次を　散歩してたら
汚点だらけの　靄ごしに
起きぬけの露面電車が
海を渡るのが　見えたんです
それで　ぼくも

風をあつめて　風をあつめて
蒼空を翔けたいんです
蒼空を

とても素敵な
昧爽（あさあけ）どきを　通り抜けてたら
伽籃とした　防波堤ごしに
緋色の帆を掲げた都市が
碇泊してるのが　見えたんです
それで　ぼくも
風をあつめて　風をあつめて
蒼空を翔けたいんです
蒼空を

人気のない

朝の珈琲屋で　暇をつぶしてたら
ひび割れた　玻璃ごしに
摩天楼の衣擦れが
舗道をひたすのを見たんです
それで　ぼくも
風をあつめて　風をあつめて
蒼空を翔けたいんです
蒼空を

一枚はさむ

ガラスや窓枠など、ある種のフィルター越しに見た詞も多いですね。ガラス越しに見える街の風景とか、列車の窓から見た景色とか。

前項でとり上げた「風をあつめて」の後半のほうでも、珈琲屋のガラス越し（玻璃(がらす)ごし）に外を眺めているシーンがあります。

川端康成の『雪国』も、夜汽車のガラス越しに街の光が見えるでしょう。直接的じゃない、こういうのがぼくは好き。一枚はさむ。堀辰雄の作品を読んでいても、同じようなことを感じます。
「ルビーの指環」の冒頭の「くもり硝子」もそう。

くもり硝子の向こうは風の街
問わず語りの心が切ないね

「ルビーの指環」より

「ルビーの指環」には時系列が目まぐるしく変化するという特徴があって、別れの場面、愛を誓った過去、そして2年経った後を描いています。わかりづらい内容のはずなのに、たくさんの人に愛され、あとに残る作品になりました。

目の高さを意識する

「夏なんです」は子どもの目の高さで夏を表現して、わりとうまくできていると思います。

少年が畦道にペタンとしゃがみ込んでいる。地面との距離が近い。地べたでビー玉遊びをしている仲間の姿が横目に入ってくる。空は広く高くて、真夏の太陽が輝く。蝉も通り雨も入道雲も、子どもの目に鮮やかに映ります。

舞台となったのは群馬県の伊香保です。ぼくの母親は伊香保温泉の古くからある写真館の娘でした。「伊香保小町」として国鉄のポスターのモデルをするほどの人で。でも祭りがあると、男装して男の神輿を担ぐほど、ぶっ飛んでるところもあった。天使みたいな人。天真爛漫で、ぼくの知る限りでマイナスという文字のない人です。

毎年夏休みは弟と一緒に伊香保の祖父母の家で過ごしました。弟のほうは寂しがり屋だからすぐに東京に戻りたがるんだけど、ぼくは田舎で過ごす夏が楽しくて仕方がなかった。学校が始まる前日までたっぷり満喫してね。東京の夏を知らないまま大人になりました。

当時の伊香保は避暑地として軽井沢より人気があるくらいで、歌舞伎の六代目中村歌右衛門や徳富蘆花といった人たちも見かけました。祖父が営む木造洋館の写真館には立派な写真スタジオがあって、正月三が日はそこに一張羅の晴れ着に身を包んだ芸妓さんたちが写真を撮りにやってくる。幼いぼくは綺麗な女性たちに頭を撫でられて得意げな顔をしていたんだろうな。芸妓さんが日傘を差して散歩する姿から「日傘くるくる　ぼくはたいくつ」という歌詞ができました。

伊香保は石段で有名ですが、石段まで詞にすると場所を特定しすぎるので、入れませんでした。どこにでもある、普通の田舎の夏の風景を、子どもの目の高さで描きました。

夏なんです

田舎の白い畦道で
埃っぽい風が立ち止る
地べたにペタンとしゃがみこみ
奴らがビー玉はじいてる

ギンギンギラギラの
太陽なんです
ギンギンギラギラの
夏なんです

鎮守の森はふかみどり
舞い降りてきた静けさが
古い茶屋の店先に
誰かさんとぶらさがる
ホーシーツクツクの
蝉の声です
ホーシーツクツクの
夏なんです

日傘くるくる　ぼくはたいくつ

日傘くるくる　ぼくはたいくつ

空模様の縫い目を辿って
石畳を駆け抜けると
夏は通り雨と一緒に
連れ立って行ってしまうのです
モンモンモコモコの
入道雲です
モンモンモコモコの
夏なんです

日傘くるくる　ぼくはたいくつ
日傘くるくる　ぼくはたいくつ

距離を正確に表す

表現というのは現実の縮図です。だから、なるべく正確に縮図にしたい。たとえば田舎を描くときに、土埃(つちぼこり)の匂いまで伝わるように、とか、ぬかるみに足がずぼっととらわれる感じとか、そういうところまで言葉にしたい。

それは人間を描くときも同じで、人との関係性や距離感を正確に表したい。太田裕美さんに書いた「雨だれ」はひとつの曲のなかで人と人との距離が近づいて、最後ひとつになるまでが、われながら、よくできたように思っています。

雨だれ

ひとり雨だれは淋しすぎて
あなた呼びだしたりしてみたの
ふたりに傘がひとつ
冬の街をはしゃぐ風のように

寒くはないかと気づかうあなたの
さりげない仕草に気持がときめく
淋しがりやどうし肩よせあって
つたえあうのよ弾む恋の芽ばえ

何故かあなたに甘えたくなって
そっと腕を組んだ街角よ
ふたりの影はひとつ
いつか愛に優しく包まれて
見つめる瞳にふれあい探すの
心がほのかに高まってゆくのよ
淋しがりやどうしそっと寄りそい
感じあうのよ熱い恋の芽ばえ

自分とはなにか、3人称の視点

自分のことをよくわかっていないと、人との距離や関係は書けないよね。

ぼく自身、エゴサーチを結構やりますよ。社会で自分がどう見られているか、どう認識されているかに興味があるし、検索すればなんでも出てくるから、自分がどういう人間か、ぼんやり見えてくる。もちろんそれは自分の内面とは違うものだから、すり合わせるというのかな。そういう作業をします。

いまはネットで自分探しもずいぶん手軽にできるようになりましたね。

ビートルズがなぜ世界を征服できたかというと、詞の世界に3人称を持ち込んだからだと思っています。

それまでの歌って、ほとんどがYou&Meでできていて、I(私)だけだった。「私はこう思う」という平面的な「私とあなた」の世界。ところが、ビートルズが描く世界には、「私とあなた」の他にもうひとりいた。ほら、「She Loves You」とかそうでしょう。するとそこに社会ができる。歌のなかに世界や時代が立体的に立ち上がってくる。そうやって歌はリアルになった。そういう音楽で育ったぼくには、平面的な歌がつまらなく感じられて、立体的な世界をつくろうとやってきました。

心を動かす訓練を

よく歩くほうです。普段は神戸や京都で生活しているので、とにかく歩かないとなにもできません。夜食のパンを買っておこうって思いつけば、てくてく歩いてお気に入りのパン屋に向かいます。

iPhoneがその日歩いた歩数を記録してくれるので便利です。

調子が良ければ5000歩くらい、忙しくなるとタクシー移動になって2000歩くらいになるかな。

好奇心が強くないと詞は書けない。歩いていると、様々な風景が目に入ってきます。

誰も知らないような道もあれば、美しい夕焼けが目に飛び込んでくることもある。

赤い夕陽がそっと落ちて、空が赤から紫に変わっていくグラデーション。それを綺麗と思えるか。ふた通りの人間がいる。立ち止まって美しいなとじっと見入る人と、なにも感じないで通り過ぎちゃう人。

そこで綺麗だなってなるのが詞です。

誰でも16、17歳くらいまでは綺麗と思うけど、30も40も過ぎると、夕焼けなんて別におもしろくもないみたいな、それより今晩のおかずなににしようとか、そういうことで頭がいっぱいになってくるもの。精神的に貧しくなる。

人を感動させるには、まず自分の心を動かすこと。そのためには好奇心が欠かせません。

あとは、自分の心がなぜ動いたのかを問い詰める。その答えを見つけてから書く。そうすると、ああそういうことかと、人もわかってくれる。

答えを見つけて書く。そんなところが哲学的な作業かもしれません。

レッスン3

光と陰　美しさを際立たせる

デフォルメとアンプリファイ

夕焼けを美しいと感じるとき、そのまま切り取っても、美しさは十分に伝わらない。

どうしたら、その美しさがいちばんよく伝わるかを考えます。

デフォルメ（誇張）とアンプリファイ（増幅）という言い方を、ぼくはよくしていま す。


つまり、いちばん美しく見えるように、光と陰のバランスを調整する。

陰を深くしたり、光を強く当てたりするのがデフォルメ（誇張）。針で突っついてやると増幅して波形が大きくなる。それがアンプリファイ（増幅）。

水鏡に美しい波紋が広がるようなイメージで。

いまって良い時代で、ＳＮＳを使って、日々、デフォルメとアンプリファイの実践ができるでしょう。

どの角度から、どの部分を、どんな風に切り取るか。

写真の撮り方。言葉の選び方。

ＳＮＳに挙げるだけで、1行2行のアフォリズムができる。

インスタグラムやツイッターは切り取る練習にちょうどいいです。

コツは説明をしすぎないこと。余白を持たせる。間とか隙間が大事。

針で突っつく

経験を描くときも同様です。起きたことをそのまま書いても人の心に触れることはできない。現実は曖昧模糊（あいまいもこ）としているけど、それを全部は書かないで、一部に凝縮させる。大滝詠一さんのアルバム『A LONG VACATION』に収められた「雨のウェンズデイ」では菫色（すみれ）がいろんなことを物語っている。

菫色は葉山のイメージ。当時、たしか16歳から軽自動車の免許がとれたので、気の早いクラスメートは「松本、湘南ドライブ行こう」って。よくスバル360に乗っけてもらって出かけた。ぼくは普通免許を高校卒業した春休みにとったから、それまでは友達の車の助手席だった。当時の一色海岸は、砂浜まで車で降りられたからよくスタックしていたな。菫色の雨が降る歌。

スバル360をワーゲンにしたんだけど、「壊れかけ」って書いたものだから、クレームが来るかなと思った。来なかったけどね。ワーゲン自体が壊れない車だからな。

壊れかけたワーゲンの
ボンネットに腰かけて
何か少し喋りなよ
静かすぎるから
海が見たいわって言い出したのは君の方さ
降る雨は菫色　Tシャツも濡れたまま
wow wow Wednesday

「雨のウェンズデイ」より

松田聖子さんに書いた「SWEET MEMORIES」は、人間って傷ついても意外と忘れちゃうって思っていて。高校時代にすごい失恋をしたとしても結構癒やされちゃう。傷が癒えちゃって忘れていっちゃう。そういうのを針で突っつくと、痛んで、それが懐かしい痛みになる。子育てとかしていて自分のことが全部吹っ飛んじゃってる人も、「SWEET MEMORIES」を聴くと、私にもこういうことがあったなって思い出すんじゃないかな。あなたにもあるでしょうって、針で突っついてる歌です。

なつかしい痛みだわ
ずっと前に忘れていた
でもあなたを見たとき
時間だけ後戻りしたの
「幸福?」と聞かないで
嘘つくのは上手じゃない
友だちならいるけど
あんなには燃えあがれなくて

失った夢だけが
美しく見えるのは何故かしら
過ぎ去った優しさも今は
甘い記憶
Sweet memories

「SWEET MEMORIES」より

クミコさんに書いた「さいごの抱擁」は別れる男女の歌で、男と女が抱き合ったまんま、女の子のほうがこのまんま石像になりたいって言う。そうしたら永遠に離れなくて済むっていう話なんだけど、クミコからは「石像がわからない」って言われちゃった。「石像は歌になる言葉じゃない」とも（笑）。ロダンの作品とかね。動きのまま固まって、時間も閉じ込められた感じの。クミコにはわかってもらえなかったけど、「さいごの抱擁」は「石像」だった。

さいごの抱擁

いつか生まれ変わって
見も知らぬ他人になって
出逢っても　またあなたを
好きになりそうね

抱擁して　離れかけたら
また不意に力をこめた
あのとき私は
愛されてたと知った

岩に割かれた水が
いつの日か溶けあうように
時の河　その流れを
見つめて生きよう

抱擁して雨に打たれて
目を閉じた最後の2秒
このまま動かぬ
石像になりたくて

別れ際の優しさなんて
冷たいより残酷な夢だって思う

抱擁して雨に打たれて
目を閉じた最後の2秒
このまま動かぬ
石像になりたくて
石像になれなくて

陰を描くことで立体的に

原田真二さんに書いた「てぃーんず ぶるーす」ではメソメソしたかっこ悪い男を書きました。それまでの歌謡曲で描かれる男の人は「強くてかっこ良くて、俺についてこい」というイメージが多かった。でも、アメリカのハードボイルド小説なんかを読んでいると、男ってたいがいメソメソしている。そのことに気がついて、それをいいなと思って「てぃーんず ぶるーす」でやった。

みんな軽々しく愛を
口にしても君は違うと信じた
なのに君はぼくの手より
座り心地のいい倖せ選んだ

都会が君を変えてしまう
造花のように美しく
渇いた君は　ぶるーす

「てぃーんず ぶるーす」より

陰を描くと光が浮かび上がってくる。光と陰、明と暗があるように、人間もコンプレックスや悩みや弱さが必ずあるからね。バランスです。

死が生を輝かせる

ぼくが通った東京・港区の青南小学校の図書室には、宮沢賢治の童話が何冊も並んでいました。ぼくはそれを片っ端から読んでいて、なかでも好きだったのが『よだかの星』でした。

いじめられていたよだかが生きることに絶望して死に向かう。ただ悲しいだけではなくて、宮沢賢治の死生観を感じました。

ぼくと6歳違いの妹は生まれつき心臓が悪く、長くは生きられないといわれたので、ぼくにとって死の世界は遠いものではありませんでした。手術しても五分五分といわれ、母はとくに愛情を注いで宝物のように彼女を育てました。

少しでも長く命を永らえさせたいという思いが家族みんなにありました。

小学校のときは妹のランドセルを持って、手を引いて通学しました。いつ死ぬかわからない妹がそばにいたので、死は常に近くにあり、それは26歳で妹が亡くなったあとも引きずりました。

妹の死のあとしばらく書けなくなったのですが、そのとき読んだ「老子」から影響を受けました。生は死の一部であり、死は生の一部である。死があることによって生が全うされる、というようなことが書いてあって、生と死は対立するものではないという考えに触れた。
大滝詠一さんが唄う「君は天然色」は、ちょうど妹が亡くなった頃つくった詞です。

君は天然色

くちびるつんと尖らせて
何かたくらむ表情は
別れの気配を
ポケットに匿していたから

机の端のポラロイド
写真に話しかけてたら
過ぎ去った過去(とき)

しゃくだけど今より眩しい

想い出はモノクローム
色を点けてくれ
もう一度そばに来て
はなやいで
美しの　Color Girl

夜明けまで長電話して
受話器持つ手がしびれたね
耳もとに触れたささやきは
今も忘れない

想い出はモノクローム
色を点けてくれ

もう一度そばに来て
はなやいで
美しの　Color Girl

開いた雑誌(ほん)を顔に乗せ
一人うとうと眠るのさ
今　夢まくらに君と会う
トキメキを願う

渚を滑るディンギーで
手を振る君の小指から
流れ出す虹の幻で
空を染めてくれ

想い出はモノクローム

色を点けてくれ
もう一度そばに来て
はなやいで
美しの　Color Girl

レッスン4

あなたが好きって伝えたい

ディテールを積み上げる

「好きよ」は、いちばん好きな言葉です。

好きとか愛しているって、いちばん重かったり強かったりするでしょう。きっと紀元前から、それは人間の基本にある。だから「好きよ」と言うとき、それがいちばんよく聞こえるように書きたい。

いくら100回「あなたのことが好きです」と繰り返しても、伝わらないものは伝わらない。計算とか、そういうのじゃなくて、気持ちを相手にちゃんと伝えるために、ディテールを積み上げていくことが必要。

(松田)聖子さんに書いた「赤いスイートピー」では、「好きよ今日まで/逢った誰より/I will follow you あなたの/生き方が好き」というフレーズの前段階で動作や仕草、匂い、視線の動き、そうしたディテールを積み上げている。

冒頭は「春色の汽車に乗って/海に連れて行ってよ/煙草の匂いのシャツに/そっと寄りそうから/何故　知りあった日から半年過ぎても/あなたって手も握らない」から始まります。

「春色の汽車」はオレンジと緑色の湘南電車のイメージです。江ノ電に乗り継いで鎌倉高校前あたりから商店街を通り抜けると、海が見えてくる場所があって。その景色が好きでね。線路脇に赤いスイートピーが咲いていたら可愛いだろうな、とも想像して。

ぼくの青春時代の経験がいくつかごっちゃになって出来上がった虚構の世界。だけど、少しだけリアルが入ってる。全部フィクションだと人の心に届かないし、100パーセントがリアルだと重い。5パーセントくらいのリアルかな。フィクションだけど、ピリッとスパイスが効いているでしょう。そのくらいのバランスです。

2番に出てくる「何故　あなたが時計をチラッと見るたび／泣きそうな気分になるの?」は、ここって、「切ない」って書くのは簡単だけど、それだけだとあまりに抽象的でしょ。どう切ないかを説明しようとすると、時計が必要になる。

相手が時計をちらっと見る。それ以上は書かないのがミソ。答えは出さないで、問いかけだけする。あなたは時計をちらっと見たでしょうって、それはどういうつもりなのってことなんだけど。早く帰りたいのか、もう飽きちゃったのか、他に約束があるのか。そういうことを主人公は心配してる。答えまで書いちゃうとダメなわけ。そこまで止めておくと、みんな似た経験をしてるから伝わる歌になる。

このテクニックをぼく以外にも使っている人を最近発見しました。韓国ドラマの「賢い医師生活」のイ・ウジョンという脚本家が、それをやってる。ディテールをまわりに積み上げていって、肝心なことを書かない。すべてを伏線にしていくのだけど、どこかでバーンと合わせる。そうすると、とんでもない感動が来る。

ディテールを積み上げるっていう方法。

「賢い医師生活」の脚本家イ・ウジョンと監督シン・ウォンホのコンビには「応答せよ」シリーズもあって、こちらも場所と時間の積み上げ方が完璧。

「赤いスイートピー」は女の子が強くて、男の子が気弱。「ちょっと頼りないけど、あなたについていってあげる」って、女の子の余裕が感じられる歌。ぼくの母が強い人だったから、ぼくは女の人は強いものだと思っていた。それでぼくが書く詞はこうなる。

ぼくは、ラブレターは出したことがないけど、書いたことはあって。壊れかけの恋愛のときに何通か。出さずじまいのラブレターだけど、出す出さないは別としてラブレターを書いてみる、というのはひとつ練習になるかもしれないね。「好きです」とか「愛してます」と言わなくても好きという気持ちがちゃんと伝わるような、そういうラブレターを。

ふっと心が動く瞬間

好きという気持ちのなかでも初恋は特別かもしれないね。

誰かを好きになってふっと心が動く瞬間を斉藤由貴さんの「初戀」に書きました。人を好きと思う気持ちを言葉にするのって、とっても難しい。微妙な心の動きは直接的に書くより、行動の描写で表すほうが伝わりやすいです。「初戀」では、グループで映画を観にいってさりげなく隣に座るという描写とか、具体的なシーンが思い浮かぶでしょう。あと、忘れようと思うたびに胸が痛いとか、そういうディテールですね。

書きかけのあなたの似顔絵
似てなくて何度も消したわ
忘れよう　そう思うたび
不思議なの　胸が痛くなる

グループで映画を見に行き
さりげなく隣りに座った
触れ合った肩が熱いから
銀幕がかすんで見えない

「初戀」より

「初戀」の詞は、なんの苦労もなく、すっと出てきました。当時テレビで見た斉藤由貴さんの笑顔が誰よりも無防備だった。なんのポーズもなくて、フワーッとそこに佇(たたず)む。心が解き放たれるようなイメージから、この詞ができました。

共感を凝縮

太田裕美さんの「木綿のハンカチーフ」は、ディレクターから「松本君は都会生まれだから、都会でしか君の歌は売れない。もっと田舎者の気持ちを汲(く)んでほしい」と言われて書いたもの。

彼自身が九州の田川という炭鉱町の出身で、進学のために寝台列車のブルートレインで上京したそう。故郷があって羨ましいという気持ちもありました。

それで都会と田舎という対比の構造を考えて、対話シリーズというのかな、男と女に対話をさせた。「恋人よ　ぼくは旅立つ」から始めてね。男の人がこう言えば、女の人がこう答える、みたいに。

その掛け合いに、恋愛の要素がスパイスとしてうまく効いたんだろうね。

都会に対する愛憎っていうのかな、両方の感情が入ってるのもよかったと思う。男の側も、女の側も、都会に出た側も、残された側も、双方の気持ちがあるから広い共感につながったんだろう。

「最後のわがまま」と言って女のほうが贈りものとして「木綿のハンカチーフ」をねだるのだけど、当時コットンという言い方が一般的で、木綿はほとんど死語でした。そこを敢えて「木綿」にした。ここは「木綿」以外になかった。

木綿のハンカチーフ

恋人よ　ぼくは旅立つ
東へと向かう列車で
はなやいだ街で　君への贈り物
探す　探すつもりだ

いいえ　あなた　私は
欲しいものはないのよ
ただ都会の絵の具に
染まらないで帰って
染まらないで帰って

恋人よ　半年が過ぎ
逢えないが泣かないでくれ

都会で流行りの　指輪を送るよ
君に　君に似合うはずだ

いいえ　星のダイヤも
海に眠る真珠も
きっと　あなたのキスほど
きらめくはずないもの
きらめくはずないもの

恋人よ　いまも素顔で
くち紅もつけないままか
見間違うような　スーツ着たぼくの
写真　写真を見てくれ

いいえ　草にねころぶ

あなたが好きだったの
でも　木枯しのビル街
からだに気をつけてね
からだに気をつけてね

恋人よ　君を忘れて
変わってく　ぼくを許して
毎日愉快に過ごす街角
ぼくは　ぼくは帰れない

あなた　最後のわがまま
贈りものをねだるわ
ねえ　涙拭く木綿の
ハンカチーフ下さい
ハンカチーフ下さい

色が移ろう

太田裕美さんの「九月の雨」、児島未散さんの「セプテンバー物語」そして、竹内まりやさんの「SEPTEMBER」が松本隆・秋の三部作といわれているようです。

季語がある俳句が親しまれているように、日本人は季節感のある歌を好む。四季のある国だから、季節が感じられる詞は受け入れやすいんだろうね。

（竹内）まりやさんが慶應の後輩ということもあって歌詞を書いた「SEPTEMBER」は、ぼくの作詞家50周年記念トリビュートアルバムにも入っていて、エレファントカシマシの宮本浩次くんが歌ってくれた。

「辛子色のシャツ追いながら」というフレーズから始まるのだけど、「辛子色」を宮本くんがすごく上手に歌ってくれて、バーンと目の前に色が浮かびました。

林哲司くんがつくったメロディが明るいポップスだったので、ぼくは普通の失恋の歌にしようと書き始めました。

女子学生の主人公が、年上のお姉さんに恋人を取られてしまう、そういうイメージでした。シーンは割と具体的にあって、渋谷駅の東横線のホーム。以前、地上にあった頃のホームから歌は始まります。辛子色のシャツを着た彼のあとを追いかけて山手線に飛び乗ると、原宿あたりで街がイチョウで色づいている。黄色い世界が広がるわけです。夏から秋に季節が変わって、恋人の心も変わってしまう。最後にトリコロールの服が出てきます。

歌詞のなかで色が移ろう。これは色彩の歌だったんだなと、つくってから50年経って、宮本くんの歌から気づかされました。書いているときは特段色を意識してなかった。いまさらの発見です。

声は楽器だから、楽器しだいで伝えたいことが何倍にも増えたり減ったりする。辛子色のシャツは、高校時代のぼくが気に入ってたもの。ブリティッシュ・グリーンのコール天のジャケットと組み合わせていましたね。

そんな、わりと自分の大事なところが詞になっています。

トリコロールの服って？　と、宮本くんが歌うのを聴きながらググったら、赤青白の襟付きのシャツが出てきました。そうそう、このイメージだったなって。

余談だけど、歌詞の後半に辞書の貸し借りが出てくる。（竹内）まりやさんは、辞書の貸し借りなんてしないって、ぼくの歌詞を見て言ってたみたい。ぼくは辞書を持って出る授業があったから、持ってないとクラスメートの女の子に借りたりした。いまは電子辞書やスマホがあるから、辞書の貸し借りはないかも（笑）。

SEPTEMBER

辛子色のシャツ追いながら
飛び乗った電車のドア
いけないと知りながら
振り向けば隠れた
街は色づいたクレヨン画
涙まで染めて走る
年上の人に会う　約束と知ってて
September　そしてあなたは

September　秋に変わった
夏の陽射しが弱まるように
心に翳(かげ)がさした
September　そして九月は
September　さよならの国
解(ほど)きかけてる　愛の結び目
涙が木の葉になる

会ってその人に頼みたい
彼のこと返してねと
でもだめね気の弱さ　くちびるも凍える

September　そしてあなたは
September　秋に変わった
話す事さえなくなるなんて

私に飽きた証拠
September　そして九月は
September　さよならの国
めぐる季節の彩りの中
一番淋しい月

借りていたDictionary　明日返すわ
"Love"という言葉だけ　切り抜いた後
それがgood-bye, good-bye

September　そしてあなたは
September　秋に変わった
私ひとりが傷つくことが
残されたやさしさね
September　そして九月は

September　さよならの国
トリコロールの海辺の服も
二度と着る事はない

失意のまま終わらない

不幸であることと馴れ合って、傷を舐め合うような詞は、ぼくの好みではない。失恋でめそめそしているより、どれだけ落ち込んでも、それを乗り越えて、立ち上がる。できるだけ、失意のまま終わらないように意識はしてたね。自分がつくった歌がベストテンに3曲とか入って、3曲全部が暗い歌だと世の中暗くなっちゃうでしょ。怖くなるよね。自分のさじ加減で空気が光ったり翳ったりするのって。だから適度に翳りを入れながらも、なるべく明るく。

松田聖子さんの「風立ちぬ」でも、ひとりで生きていけそうって、前を向いている。

吉田拓郎さんの「外は白い雪の夜」は、男が1番で別れを切り出し、2番で女がそれを受ける。別れをぼくが書くと、女の人は終わる頃には立ち直って毅然としてるよね。この歌はシングルに切ればよかったのにって、いまも思ってる。そうしたらもっと大ヒットしたんじゃないかな。それは心残りだな。

外は白い雪の夜

大事な話が君にあるんだ
本など読まずに　今聞いてくれ
ぼくたち何年つきあったろうか
最初に出逢った場所もここだね
勘のするどい　君だから
何を話すか　わかっているね
傷つけあって　生きるより
なぐさめあって　別れよう

だから　Bye-bye Love
外は白い雪の夜
Bye-bye Love
外は白い雪の夜

あなたが電話で　この店の名を
教えた時からわかっていたの
今夜で別れと知っていながら
シャワーを浴びたの哀しいでしょう
サヨナラの文字を作るのに
煙草何本並べればいい
せめて最後の一本を
あなた喫うまで　居させてね

だけど　Bye-bye Love

外は白い雪の夜
Bye-bye Love
外は白い雪の夜

客さえまばらなテーブルの椅子
昔はあんなににぎわったのに
ぼくたち知らない人から見れば
仲のいい恋人みたいじゃないか
女はいつでも　ふた通りさ
男を縛る強い女と
男にすがる弱虫と
君は両方だったよね

だけど　Bye-bye Love
外は白い雪の夜

Bye-bye Love
外は白い雪の夜

あなたの瞳に私が映る
涙で汚れてひどい顔でしょう
最後の最後の化粧するから
私を綺麗な想い出にして
席を立つのは　あなたから
後姿を見たいから
いつもあなたの影を踏み
歩いた癖が　直らない

だけど　Bye-bye Love
外は白い雪の夜
Bye-bye Love

外は白い雪の夜

Bye-bye Love
そして誰もいなくなった
Bye-bye Love
そして誰もいなくなった
Bye-bye Love
そして誰もいなくなった
Bye-bye Love
そして誰もいなくなった

俯瞰する視点

Ｆ１ドライバーのアイルトン・セナから大きな影響を受けました。セナって、神の視点というか、上から見てるじゃない。いま、自分が何番手にいて、前に誰がいて、後ろに誰がいるっていうのを、頭のなかで3Dのように見ている。1991年、もう30年も前になるけど、ブラジルグランプリで、セナのマシンは途中6速以外のギアが全部壊れちゃって。それでも、セナはギアひとつだけで走り切った。そして優勝。

彼はね、全部を見ている。だから余裕が生まれる。そういう視点が、ぼくとちょっと共通しているなと思う。それはオーケストラの指揮者にも通じるところがあって。カルロス・クライバーはぼくが観始めたときにはもう立って指揮できないほどだったけど、他とは全然違った。

ぼくも詞を書くとき、上から見ているところがある。「木綿のハンカチーフ」にも「外は白い雪の夜」にも男と女が出てくるけど、心の中でどっちにもなっている。両方バランス良くね。どちらか片一方に寄せるとつまらなくなる。湿っぽすぎてもだめ。パサパサでもだめ。光と陰もバランスだし、男と女もバランス。均衡してないと。

ラブソングの目的がコミュニケーションをとることだとすると、どちらか片方が勝ちすぎるとつまらないじゃない。スポーツもそう。勝ちが決まっちゃったらそのあと観る必要がないわけ。せりにせった戦いがおもしろいでしょ。

セナが好きで追っかけたけど、彼が死んでF1にはなんの興味もなくなっちゃった。

俯瞰する視点といえば、「メイン・テーマ」は薬師丸ひろ子さんが女性の視点を歌って、「スタンダード・ナンバー」で南佳孝さんが男性の視点を歌ってる。同じ車の中の同じ曲をふたりがそれぞれ歌う。

「メイン・テーマ」の主人公は、自分が失恋する姿も客観視して楽しんでるよね。楽しめる人が理想の女性だけど、なかなかいない。

レッスン5

リズムとバランスと美意識

易しく伝える

長いものより短いもの、難しいものより簡単なもの、複雑なことより易しいこと。ぼくにとって、世界でいちばん優れていると思う歌詞が、ジョン・レノンの「イマジン」です。難しい言葉がひとつもなくて、シンプルかつ短い言葉で表現が成り立っているでしょう。

ジョン・レノンは日本の俳句を参考にしてるそうですね。ぼくも松尾芭蕉の俳句から教わったことがたくさんあります。限られた文字数での表現。芭蕉は難しい言葉を使わないし、音をうまく言葉にしている。視点もいい。

難しいことを難しく言うのは簡単だけど、難しいことを易しく言うのは本当に難しい。表現を易しくすると、言いたいことが感動に値するか、あらわになる。枝葉末節のことではなく、ちゃんと枝が大地に深く刺さっているか。それが問われる。

幼稚園の子が読んでも意味のわかる言葉、読める漢字を使おうって。ラブソングも、男と女の問題だけど、気取って書かなければ、誰にでも伝わるものになる。

音楽でいえば、ぼくはバッハも好きだし、ベートーヴェンも好きだし、ワーグナーも好きだけど、いちばんと言ったら、やっぱりモーツァルト。モーツァルトがつくる音楽は、ぼくが考える「易しく伝える」ことに通じている。「きらきら星変奏曲」とか、シンプルこの上ないけど、メロディが本能に訴えてくるでしょう。普段、モーツァルトは音符の数がすごく多い作曲家で、饒舌な音楽をつくる人です。でも、片手の人差し指で弾けてしまうくらい音数の少ないピアノ協奏曲もつくってしまえる。

混じり気のない強さ、子どものような無邪気さがモーツァルトにはあります。

語感の気持ちよさ

歌の快感は、音にしたとき気持ちいいかどうかで決まります。意味はあとまわしでよくて、大切なのはリズム。気持ちのいい語感かどうか。日本語として気持ちいい語感というのは、リズムやイントネーションによってつくられる。

だから、暗記して気持ちいい詞が本当の詞。無理に覚えるのではなくて、何回か読むうちに自然に覚えちゃうような詞。

中原中也の詩は、中学生でも理解できるでしょう。宮沢賢治も萩原朔太郎も、ぼくが好きな人たちはみんな易しく書く天才です。

書き終えたら声に出して読んでみるのはどうかな。日本の言葉は、紙に書くだけでは終わらなくて、鼓膜に届いたときに良さが伝わるものだから。和歌だって読むことで完成する。

あるとき、ぼくがつくった詞を朗読する企画が持ち上がったことがあって。最初は半信半疑でした。歌うためにつくっているので、朗読したらどうなんだろうと思っていた。でも、やってみると、歌とは全く違う風景に誘われました。

女優の若村麻由美さんが朗読する斉藤由貴さんの「卒業」を聴くと、教室に差す光の中で埃が舞う風景や、机のザラザラした感触まで浮かんできました。教室のディテールがリアリティを伴って伝わってきました。

それ以来、声に出すことの意味を考えています。

耳にしたときの印象、鼓膜でどんな風に感じるか。

作詞家って、意味から入る人が多いよね。頭で考えてしまっている。でも、意味を先行させて詞をつくると、たとえ筒美京平さんの跳ねてるメロディでさえも、ベタッとしちゃう。言葉にあれこれ意味を持たせると、世界を重くしてしまう。

ベタッと重いのを好む人もいるかもしれないけど、跳ねてるメロディの上では言葉も跳ねていたい。

音の快感、音の気持ちよさみたいなところがぼくにとっては大事。

細野（晴臣）さんやユーミンこと松任谷由実さん（編集部注・呉田軽穂のペンネームで松田聖子の「赤いスイートピー」「渚のバルコニー」「瞳はダイアモンド」、薬師丸ひろ子の「Ｗｏｍａｎ〝Ｗの悲劇〟より」など）とはそのあたりのグルーヴ感覚が似ているから、なんの変換も要らなくて、一緒につくるのが楽しかった。

字数を意識する

作詞をやっていると、文字数を意識します。

英語だと、ひとつの音符に「レイン」ってスルッと入って、「雨」が伝わる。ところが日本語だと、「あ・め」で2音になる。「れ・い・ん」なら3音でしょう。日本語というのは詰め込める量が少ないんです。

ひとつの音符に無理やりたくさん言葉を詰め込むのもできなくはないけど、どうだろう、ぼくの感覚でいうと、それは耳で聴いたとき、気持ちいいものではない。字余りとか、字足らずとか、できるだけ避けたい。

そうすると、日本語というのは結局、3と5と7の組み合わせがベストなんです。それが快感法則。3と4で7にするとか、そういうことですね。

ビートルズの歌も数えたことがあって。意外と3と5が多かった。快感法則は日本語だけじゃないんだって思った。

「赤いスイートピー」の「春色の汽車に乗って」だと、「は・る・い・ろ・の」「き・しゃ・に」「の・お・お・っ・て」という具合です。

薬師丸ひろ子さんの「Woman "Wの悲劇"より」は出来上がった後日、メロディをつくったユーミンが「眠り顔」という言葉を褒めてくれて嬉しかったな。「松本さんは、寝顔じゃなくて、眠り顔と表現した」って。ぼくからすれば、メロディとして5音あったので、「ね・む・り・が・お」としただけのことなんだけど。

4文字が難しい。4文字って「あ・な・た・の」とかね。あと音符ふたつね。音符ふたつは英語だといっぱいあるんだけど、日本語だと「あー」とか伸ばしたり。2とか4が難しい。6は3、3になるからいいんだけど。4・4とかも困るなぁ。

字数にこだわることでリズムが生まれる。リズムとか抑揚とかイントネーションとか。

1文字足されたり引かれたりすることで、リズムが良くなったり悪くなったり。そういうことにぼくは多分長けていて、才能があったと思います。

バランスの美意識

松田聖子さんの「ガラスの林檎」を作詞したとき、子どもたちには「林檎」という漢字が難しいとレコード会社から指摘を受けました。当時の松田聖子さんといえば、女の子が全員髪型を真似するような時代だから。

「小学生のファンが読めないのでカタカナにしてください」と言われたけど、「ガラス」がカタカナで「林檎」もカタカナにしたら見た目が締まらないでしょう。

「聖子が歌えば、日本中の小学生が林檎って漢字を読めるようになるからこのままいこう。漢字は書けなくていいですよ。難しいし、ぼくも書けないし。書けなくても読めるようになったら、ひとつプラスが獲得できるじゃない」と、突っぱねました。

ああいうときに頑張らないと、林檎という漢字が消えてしまう。カタカナで書いて満足しちゃうでしょ。そうやって消えていった漢字、言葉が無数にある。

目で見たときの視覚的なバランスだね。

リズムもバランス。主旋律に気をとられがちだけど、クラシックのオーケストラでは、第一バイオリンより低い弦のチェロの音やコンバスの音のほうが実は重要。モーツァルトもそんなようなことを言ってたと、なにかで読んだことがあります。

要はバランスの美意識です。

言葉によって世界を立ち上げる

KinKi Kidsに書いた「硝子の少年」は、ジャン・コクトーの『恐るべき子供たち』がモチーフにあります。コクトーの代表作で、エリザベートとポールという姉弟の世界が、ダルジュロスという美少年と出会うことで崩れていく悲劇です。

はじめは書けなくてどうにも困っていました。自宅の2階の書斎から、お茶でも飲もうかと居間に降りたところ、たまたまテレビにKinKiのふたりの姿が映った。その瞬間、「硝子の少年」というタイトルが浮かびました。壊れそうに儚(はかな)いのに、キラキラ美しい。

無垢な存在。メロディは山下達郎くんです。
深夜の長距離バスの終着点、新宿西口のバスターミナルがずっと気になっていたので、そこを別れの舞台として、思い切り古臭く、(尾崎紅葉の)金色夜叉みたいな恋愛に振って描きました。

雨が踊るバス・ストップ
君は誰かに抱かれ
立ちすくむぼくのこと見ない振りした

指に光る指環
そんな小さな宝石で
未来ごと売り渡す君が哀しい

ぼくの心はひび割れたビー玉さ
のぞき込めば君が

逆さまに映る

Stay with me
硝子の少年時代の
破片が胸へと突き刺さる
舗道の空き缶蹴とばし
バスの窓の君に
背を向ける

「硝子の少年」より

色を表現する

ぼくの詞には色の表現がいろいろ出てくるけど、たとえばC－C－Bの「ないものねだりのI Want You」では「真紅のインク」とか、「真紅」と「インク」で韻を踏んでいる。薬師丸ひろ子さんに書いた「すこしだけやさしく」の「蜜色」も、その前に出てくる「水色」から。「水色」だから「蜜色」。
蜜の色って、セピア色みたいで綺麗でしょう。でも蜜色の雨はすこしベタベタするかもしれないな（笑）。

風に吹かれた手紙のように
私の中に舞い込んだ人
夢を追うのも疲れたよって
苦笑いして外を見ないで

水色の街に
蜜色の雨が降るの

「すこしだけやさしく」より

「瑠璃色の地球」はいろいろなところで話していることだけど、ちょうどこれから母親になろうとしている（松田）聖子さんに書いたもので、「大きな愛の歌を」という思いがありました。世界的にも自然保護のことが言われるようになった時期で、地球とか星とか宇宙とか、そういうスケールの大きなほうに向かっていった詞です。「青い地球」でも「蒼い地球」でもなくて、「瑠璃色の地球」。

瑠璃は宝石でいうとラピスラズリだね。クレオパトラが使ったともいわれている。紫がかった濃紺で、透き通っている。魔力が強い。

2020年のコロナ禍では『瑠璃色の地球』をみんなで歌おう」という話になって。たくさんの人が参加してくれて、歌の力を改めて感じました。

瑠璃色の地球

夜明けの来ない夜は無いさ
あなたがポツリ言う
燈台の立つ岬で
暗い海を見ていた

悩んだ日もある　哀しみに
くじけそうな時も
あなたがそこにいたから
生きて来られた

朝陽が水平線から
光の矢を放ち
二人を包んでゆくの
瑠璃色の地球

泣き顔が微笑みに変わる
瞬間の涙を
世界中の人たちに
そっとわけてあげたい

争って傷つけあったり
人は弱いものね
だけど愛する力も
きっとあるはず

ガラスの海の向こうには
広がりゆく銀河
地球という名の船の
誰もが旅人

ひとつしかない
私たちの星を守りたい

朝陽が水平線から
光の矢を放ち

二人を包んでゆくの
瑠璃色の地球
瑠璃色の地球

とにかくたくさんの言葉を知る

死んだ言葉のことを「死語」というでしょう。みんなが使わなくなって、滅びていく言葉がたくさんあって、もったいないと思っています。昔からそういう言葉を助けたい気持ちがあって、歌詞に使ってきました。

たとえば「はいから」という言葉は、はっぴいえんどの「はいからはくち」という詞にしました。あと「小麦色のマーメイド」の「小麦色」とか、「薄荷キャンディー」の「薄荷」とか。

はっぴいえんどの「驟雨の街」の「驟雨（しゅうう）」は、中学のときに父親の本棚で見つけた吉行淳之介の芥川賞受賞作『原色の街・驟雨』から取っています。「驟」という漢字がかっこ良くて、頭にずっと残っていました。

ゆとり教育といわれるけど、あれはぼくは失敗だと思っていて。なんでかっていうと、学校は語彙をいっぱい、漢字も100字でも多く教えるとか、そういうところだから。丸暗記でいいじゃないって思う。考え方は、あとから自分で学ぶしかないし、そのために本だっていっぱいある。

語彙がたくさんあれば、自然と考え方が出てきますよ。滲み出てくるから。

まず知ることだよね。言葉を知る。表現の幅が広がるし、見え方が変わってくる。

知ってないと、なにもできない。

言葉の並べ方

同じ言葉でも、並べ方次第で印象が変わります。

薬師丸ひろ子さんに書いた「探偵物語」に、「好きよ　でもね　たぶん　きっと」というフレーズがあります。全部ベタな言葉ですが、これが「でもね　きっと　好きよたぶん」ではしっくりこない。もしくはこの4語のうち、「でもね」を「だから」に変えると、雰囲気が変わってしまう。

あんなに激しい潮騒が
あなたの背後(うしろ)で黙りこむ

身動きも出来ないの
見つめられて

夢で叫んだように
くちびるは動くけれど
言葉は風になる
好きよ・・・・でもね・・・
たぶん・・・・きっと・・・

「探偵物語」より

言葉の選び方、並べ方にも正解がある。
誰もが知っている言葉を並べているだけに見えるけど、わずかに変えるだけでニュアンスが変わる。そのくらい微妙な差によって、作品は成り立っています。
これをぼくは美意識と言ってしまうけど、美意識の内容は人それぞれ違うでしょう。自分なりに美しいと思うところを追求する。その結果、多くの人の共感を得られれば、時代に流されることなく、あとに残る言葉になります。

「ポケットいっぱいの秘密」の秘密

ぼくが初めて、いわゆるアイドルにつくった歌がアグネス・チャンの「ポケットいっぱいの秘密」です。

あなた　草のうえ
ぐっすり眠ってた
寝顔　やさしくて
〝好きよ〟ってささやいたの

「ポケットいっぱいの秘密」より

歌詞の頭をつなぐと「アグネス」になります。

なんでこんなことをしたかというと、「秘密」というタイトルだったから。どこかに秘密を隠しておこうと思って。

歌がベストテンに入って流行ってるときは誰にも言いませんでした。じっと黙っていて、知っているのはぼくひとり。

遊び心です。

ダサかっこいいを極める

桑名正博さんが歌った「セクシャルバイオレット№1」はCMソングなので、タイトルが最初からありました。

「セクシャル」も「バイオレット」も「ナンバーワン」もダサいっていうのが第一印象でした。とくに「ナンバーワン」って、ほら、いちばん売れたいっていう。でも、不思議なことに、強調して連呼すると格好がついてくる。ダサさを前面に押し出すことでダサかっこいいところに持っていった。

はっぴいえんどは頭でっかちだったからダサいのは頭から嫌だった。でも、歌謡曲だとダサさをおもしろがることができる。そうするとダサかっこ良くできる。

その感覚は歌謡曲をつくり始めて、売れてからわかったことです。

富士山のてっぺんって、麓から見ると美しいし、遠くから見てもますます美しい。ところが、実際に山頂にたどり着くと、はげ山だし、足場は悪いし、いいところがないんだよね。でも、そのてっぺんからしか見えない景色がある。


ミュージシャンのなかには、売れることを怖がってる人がいます。売れちゃうと、それまでの自分の価値観がひび割れるんじゃないかって思ってる。

潜在意識がブレーキをかけてしまうんだね。ところが、売れることを怖がってるうちは絶対売れないっていう法則もあるんだ。売れようと思わないと売れない。

吹っ切れるかどうか。吹っ切れた人があとに残っていく。

カナリア諸島と煉瓦荘

大滝詠一さんの『A LONG VACATION』に入っている「カナリア諸島にて」にはアイスティーにオレンジを浮かべるという描写があるんだけど、世界のどこに行ってもアイスティーにオレンジを浮かべた飲み物なんて当時見たことがなかったので、どうかなと書くときに迷いました。でも、「レモンを浮かべて」ではつまらない。ここはオレンジでいこうと決めました。

ぼくの美意識が、レモンじゃなくて、オレンジだった。

それから何年もしたある日、ファミレスでアイスティーにオレンジのスライスを浮かべているのを見たときは嬉しかったな。

カナリア諸島というのは、大西洋に浮かぶモロッコ沖に位置する島群です。高校のときに読んだ小川国夫の小説に出てきたのを覚えていました。カナリア・アイランドって言葉の響きがいいなと思って記憶に残った。

実は一度も訪れないまま、想像だけでこの詞を書きました。

それから20年近く経ってからかな。ようやく足を運ぶ機会に恵まれました。指揮者のカルロス・クライバーがカナリア諸島でタクトを振るというので、これは行かねばならないと。

カナリア諸島にはいくつも島があって、最初に立ち寄ったグラン・カナリアはひなびた熱海みたいで、ぼくのイメージとまるで違ったけど、そのあと向かったテネリフェ島は、詞のままの世界だった。訪れて書いたと思うくらいぴったりで驚きました。

太田裕美さんに書いた「煉瓦荘」でも同じような経験があって。「煉瓦荘」は若者たちがアパートに住んでる歌で、それって、あとから考えるとプッチーニのオペラ「ラ・ボエーム」なの。70年代末、まだオペラとか観てなくて知識ゼロなんだけど、偶然に、そういうのが出てくる。全く知らずに。奇跡みたいに。

アフターレッスン　松本隆のポリシー

普遍性はどこから生まれるか

ぼくが好きな中原中也や萩原朔太郎の作品は、どれだけ時間が経っても古く感じません。

作詞家としては歌い継がれることがいちばん嬉しいので、長く残る作品と、消えてゆくものの違いについて考えることがあります。

たとえば、はっぴいえんどの「風をあつめて」がこれだけ長く多くの人に聴いてもらえているのは普遍性があるからだと思っている。はっぴいえんどは新しい都会の歌をつくりたかった。東京の人のふるさとを想う気持ち。それで「風をあつめて」は都会を散歩する歌になった。人生を歌っているともとれるので、普遍性を持ちえたように思います。

太田裕美さんに書いた「木綿のハンカチーフ」が多くの人に支持されて、歌い継がれているのは、振られた女の子の心情だけではなく、振った男のほうの切なさも描いているから。両方の気持ちが描かれていると、聴く人それぞれ共感するポイントが生まれて普遍的になる。

普遍って、世代とか、男女とか、わけへだてなく、みんなが心に持っていることに触れることなんだよね。時代や風景が変わっても、心や気持ちは変わらない。

コツコツ積む

はっぴいえんどは実質3年間の活動で解散したので、一瞬「サラリーマンになろうか」と考えたこともあります。

幸いにも作詞の仕事をすぐに回してもらえて、チューリップの「夏色のおもいで」とアグネス・チャンの「ポケットいっぱいの秘密」とが続けてヒットしました。それから太田裕美をはじめ、松田聖子、薬師丸ひろ子、斉藤由貴、中山美穂、C-C-Bなど、2000以上の歌をつくってきました。

自分の仕事をじっくり見返すことはないけれど、瞬間瞬間を必死につくった感覚は残っています。

一個一個は石ころみたいなものだけど、長く続けていたら、いつのまにかピラミッドができたという感覚です。

地味にコツコツ、それがぼくのポリシーです。

ときに休憩も大事

40歳くらいのときに仕事から一旦遠ざかりました。

それまで、アウトプットをずっと続けてきて、このままではからっぽになってしまうと思った。仕事をすべて断って、自分のために時間を使いました。

自分に足りないものがあるとしたら、それは古典だと思ったので、歌舞伎や能やバレエ、オペラなど、なんでも足を運びました。東京には世界中の有名なアーティストが集まっています。サントリーホール、東京文化会館、オーチャードホール、歌舞伎座、国立劇場、能楽堂と、チケットを全部買ったらスケジュール帳が真っ黒になるほどで。全方位に広がる知識欲と好奇心を満たす貴重な時間でした。

そうこうするうちに、アウトプットをまたしたくなって、1992年、好きだったシューベルトの「冬の旅」に日本語の詞をつける仕事を始めます。世にも美しいこの音楽はシューベルトが不治の病にかかっているとわかってつくったもの。死の影があるからこそ、美しい作品が生まれる。2004年に「美しき水車小屋の娘」を、18年に「白鳥の歌」を現代語訳して、松本隆のライフワークともいわれるシューベルトの歌曲集三部作が完結しました。

シューベルトは31歳で亡くなって、「白鳥の歌」のタイトルは死後つけられた。白鳥は死ぬときにいちばん綺麗な声で鳴くからって。

ぼくはいま、神戸で暮らしています。ぼくのことは知らなくても、ぼくの歌はみんな知っているから、どこに行っても生きていくことができる。北海道の果てへ行っても、沖縄の離島へ行っても、たぶんみんな温かく迎えてくれると思います。

音楽も言葉も廃れはしない

DX（デジタルトランスフォーメーション）などといわれるように、テクノロジーは刻々と変化を遂げています。でも、変わるのは流通で、音楽そのものは残ります。

歌や音楽の原点は、雨乞いとか、収穫後の神への感謝とか、そういうことだから。古代から続く音楽という娯楽はそう簡単にはなくなりません。

いまのサブスクリプション型ストリーミングサービスはすごい薄利多売ですけど、最終的にはインフラになっていくのでしょう。

「わかりません」「できません」なんて言ってられません。ついて来られない人は切り捨てられていく。ぼくは20年くらい、そういう流れを見てきました。流通が変わるというのはそういうことです。

それでも文字や言葉が変わることはない。紙と鉛筆があればできる。古代エジプトのパピルスから連綿と続く人類最古の文化のひとつ。本のほうも流通は変わって、オンライン、電子書籍になり、本屋がなくなるかもしれない。新聞もいまの形ではきっとなくなる。それでも、事実を取材してニュースとして報道する人はこれからも必要でしょう。大切なものは、この先もちゃんと残っていきます。

最近おもしろかったのは、トリビュートアルバム（『風街に連れてって！』）のレコーディングに同席したときのこと。池田エライザさんが「Ｗｏｍａｎ〝Ｗの悲劇〟より」を歌ったんだけど、もう少し幅があるといいなと思って、「中国の長江みたいに」と言ってみた。昔だと、「長江みたいな感じ」と言えば抽象的な話で終わるところだけど、いまはささっと検索して、「出ました！」って。「ああ、わかりました」って歌うと、印象がパッと変わった（笑）。グーグル時代ならでは、です。

歌はみんなの財産

「風の谷のナウシカ」は、宮崎駿監督の映画のコマーシャルとして、映画の絵コンテを手がかりにつくった覚えがあります。細野晴臣さんがメロディをつけた。

ナウシカの世界観は好きですね。人間が好き勝手をやりすぎて世界が滅びていく。腐海(ふかい)(編集部注・汚染され、荒廃した大地に広がる巨大な菌類の森)だけが残るんだけど、その腐海にも問題がある。そういうことって、放射能にも、いまのコロナウイルスにも置き換えられる。

少し前、作詞活動45周年記念ライブのときに安田成美さんが東京国際フォーラムで数十年ぶりにこの歌を歌ってくれて。それを舞台袖で見てたら、不覚にも涙が出てきちゃった。細野さんなんて、わざわざ客席まで行って聴いてましたよ。アルバムをプロデュースしてくれた高橋幸宏さんも安田成美さんが歌うこの歌が好きで。みんな「ナウシカ愛」というものがあるんですよ。

歌って、世に出るとみんなのものになるんだよね。もちろん誰がつくったかというクレジットは文字として残るし、ナウシカはもちろん映画の「風の谷のナウシカ」の主人公なんだけど、歌はみんなの心の財産になる。

見えない応援団というのかな。そういうものがナウシカという少女に、そして歌ってくれた安田成美さんにありました。

日本語へのこだわり

ぼくに詞を書かないかと最初に勧めてくれたのは細野晴臣さんです。大学1年生の頃ですね。

「どうやって書くの?」と訊いたら、サイモン&ガーファンクルの輸入盤のレコードをぽんと3枚くらい渡されました。こういう詞を書けということだったんでしょう。でも、英語でさっぱり内容がわからないし、慶應日吉の大学1年のクラスに英語の得意な女の子がいたので、一曲全部訳してもらって。それが「サウンド・オブ・サイレンス」でした。ところが訳されたものを読んでもさっぱり意味が伝わってこなかった。日本人だから、やっぱり日本語がいい。

歌詞づくりはそういうところから始まりました。英語でロックをやるのか、日本語のロックをやるのか、どうしようという会議がはっぴいえんどであったとき、細野さんが

「松本は日本語のまんま世界を制覇できると思う?」と訊くから、ぼくは「全くないとは言えないんじゃないですか」って答えた。あともうひとつ、「韓国語とか中国語とかでロックやってかっこいいと思うか?」って。その国の人たちはかっこいいと思うんじゃないのって答えました。

当時は「英語じゃないとオシャレじゃない」「ダサイ日本語でロックができるか!」なんていう風潮があったけど、ぼくのこだわりは慣れた日本語でつくりたいということだった。

日本語は美しいし、奥深い。その日本語でロックやポップスがつくれないはずがない。かっこだけつけても中身が薄っぺらでは意味がないし、モノがよくなければ腐っていく。ご飯だって、どんなに見た目が良くても、おいしくなければ意味がないでしょう。ファッションだって、見た目が良くても底が浅いとかっこ悪い。

こういう考えは18歳のときからいまにいたるまでブレることはありません。

きみをさらってゆく風

アルバムをつくるとき、いつも最後に曲順を決めます。歌のタイトルをちょこちょこって書いた付箋を机の上に並べて、順番に置いていく。昔は単語カードを使ってましたけど、あのカード、いつのまにか文房具屋でもなかなか見かけなくなりましたね。

今年2021年につくった50周年トリビュートアルバムは、選曲も人選も、プロデュースの亀田誠治くんが完璧にやり遂げてくれました。亀田くんはとっても熱い男で、アーティストに手紙まで書いてオファーしてくれた。亀田くんの溢れんばかりの「松本愛」でできたアルバムです。ぼくがやらせてもらえたのは、『風街に連れてって!』というアルバムのタイトルを考えたことと、ジャケットの絵だけ。あと曲順。いつものように机の上を片付けて、付箋を並べ、曲の出だしとかを聴きながら決めていきました。

一曲目の「夏色のおもいで」は、はっぴいえんど解散後に作詞家として歩み始めたぼくの最初の曲。亀田くんがイントロなしでアレンジしたので、突然むきだしの言葉から始まります。

きみをさらってゆく風になりたいな
きみをさらってゆく風になりたいよ

「夏色のおもいで」より

アルバムの最後の曲ははっぴいえんどの「風をあつめて」。風をあつめたら、その風に乗って、もう一度きみをさらいにゆくという無限ループになってる。

「きみをさらってゆく風になりたいな」ってスタートした人間が50年経って、時代も世代も越えて、きみをさらってゆく風になれた気がします。

松本隆をめぐるナイン・ストーリーズ

——延江 浩

0.

風街を往く

もう何十年も前の、冬の日の午後のこと。青山の骨董通りを歩いている松本さんとすれ違った。

「あっ、松本隆さんだ！」

学生だったぼくはドキドキしながら心の中で叫んだ。すれ違うまでの数秒間、松本さんはスローモーションのようにゆっくり動いて見えた。いかにも仕立ての良さそうな黒っぽいコートを着ていて、その裾が冬風になびき、細長い体にまとわりついたりしていた。

僕は出掛けた、底抜けポケットに両の拳(こぶし)を突っこんで。
僕の外套(がいとう)も裾(すそ)は煙のようだった。

『ランボー詩集』堀口大學・訳

小学校時代に松本さんが読んだというアルチュール・ランボーの「わが放浪」の一節だ。ぼくは松本さんの後ろ姿を見送った。

首を右に曲げたり左に傾けたり、時折青空を見上げたりしながら風街を歩く松本さんは、いま思えば、その頃のぼくにはまだ理解できないいろいろなサインを出していたのかもしれない。

「風街」は人それぞれにあると松本さんは言う。

「ぼくにとっては生まれ育った青山・渋谷・麻布の三角形にあるんだけど、その人にとって、暮らしやすい、行きやすい場所なんです。別にいまじゃなくてもいい。思い出の中にあるなら、それも風街」

ならば、あの場所もそうなのだろうか。

ぼくはC・Wニコルさんとご一緒したある森を思い出した。

もうこの世にいないニコルさんは、東日本大震災で被災した子どもたちのために、宮城県東松島市に「森の学校」を立ち上げた。

「森には音がある。丁寧に間伐（かんばつ）すれば、その音がすっと通るようになる。森は良いスタジオ。鳥が啼（な）き、動物が鳴く。森は音楽が大好き」

ニコルさんはそう言ってぼくに一本の小枝を差し出した。

「これを持ってごらん」

「あれ？　あ、あ、あ……」

小枝を持つなり、ぼくの手は勢いよく地下に引っ張られた。

「君は選ばれし者だね」

ニコルさんが後ろで笑った。

「反応しない人も多いんだ」

ニコルさん曰く、

「この森には以前小川が流れていた。いまは忘れられているけれど、地下を流れる水脈が君の体を引っ張っている。手にしている枝はその水を探るアンテナなんだ」


かつて東京は水の都だった。

銀座、日本橋には幾筋も運河が流れ、松本さんの育った青山や渋谷、麻布あたりにも多くの川が流れていた。それが戦後の経済開発でフタをされたり、埋め立てられたりして姿を消した。

「風街とは失われた街」とも松本さんは言う。

そんな東京を歌ったのが、はっぴいえんど「風をあつめて」だ。

そしてぼくは風街へ向かう——。

1.

喪われた東京

「ぼくは東京の青山で生まれました。いまはすごくファッショナブルになっているけれど、当時はなんていうかな、細い坂をね、私道みたいなところをずっと登っていくと、青山教会という教会があったんですよ。その隣がぼくの家で。教会に幼稚園が付属していて、そこでよく遊んでいました。ジャングルジムとかブランコとかあって。日曜学校に通っていて。絵の教室もそこで開かれていて。絵を描くと、わりと上手だという風にいわれていた」

松本が自分の生家について語ったのは、1985年暮れ、当時のエフエム東京「ネッスル珈琲サロン」（1985年12月8日放送）でのことだった。

「代々木に国立競技場ができたときに大きくて広い通りができて、いまはキラー通りというんですけど。自分の生まれて育った家が壊されちゃって、ある日突然道路になった。ぼくは霞町に引っ越しをして」

小学校の頃は、家のすぐそばの「だだっ広い」青山墓地で「月光仮面」の撮影が行われていた。

「どくろ団とか、そんな名前の骸骨みたいな黒装束の衣装をまとった人がタバコを吸っていたりして」

松本の家があったのは梅窓院の境内から外苑西通りに抜けるあたり。一帯は関東大震災や空襲で何度も焼けた。青山練兵場を行進する兵隊の軍靴の音が鳴り響き、青山一丁目には陸軍大学があった。絵画館前では学徒出陣壮行会が雨のぬかるみのなかで行われる。一見のどかだが、地層には戦争の記憶があった。

小学生の松本が撮影風景を見たという「月光仮面」とは、1958年から1年半放送されたテレビの探偵活劇だ。「月光」の前に考案された名前は「日光仮面」だった。人々を苦しみから救う日光菩薩。それも戦争の記憶から来ているのだろうか。広大な墓地と菩薩、軍隊と骸骨の組み合わせは青山の重い過去を示している。

渋谷・青山・麻布は、松本が生まれた風街の三角地帯だ。東宮御所に隣接する大通りから脇道へ折れれば、喧騒が消える。

コロナウイルス感染防止のマスクをしていると、自分の体が絶えまなく息を繰り返していると気づく。bluetooth から流れる「風をあつめて」がぼくの意識を覚醒させ、「街のはずれの路地」が「背のび」しているようにも見えてくる。

暗渠(あんきょ)とは地下に隠された水路のこと。「風をあつめて」はその水路を辿る詞なのかもしれない。音楽って不思議だ。音の手触りを味わいながら散歩すると、この街への新しい想像が湧いてくる。ひとつひとつの風景が生き生きと立体的に見え、眠っていた街の記憶がぼくに話しかけてくる。

グーグルマップが案内人となり、見上げると墓地がある。往来の人もマスクで顔の半分を隠している。川を隠された街も、マスクをしているようにひっそり呼吸をしている。

ひとりのジョガーと擦れ違った。明るいグリーンのベストを着て、細い腕を肩まで剝(む)きだしにした、ショートヘアで浅黒い肌の彼女は、利発そうな目でぼくに挨拶をしてくれた。

コンクリートの地面に右の耳たぶをつけてみた。水流の音がし、心の枝葉が引っ張られた。渋谷川・古川の支流、笄(こうがい)川の暗渠だった。青山墓地をいただく左斜面と住宅街の右斜面。左側に渋谷川の暗渠が沿い、右下には渋谷川の支流、いもり川の暗渠が流れている。古ぼけた階段を上ってみると、やや強い風が吹いてきた。

柳橋跡にたどり着いた。新宿の西のはずれに置き去りにされたように存在していた町工場。その製麺所が風に乗ってふわっと飛んできたかのように、はっぴいえんどのアルバムジャケットに描かれた。

かつて流れていた和泉川に架かっていた柳橋。白い看板が掲げられている。

この柳橋は昭和7年9月20日に完成し、昭和38年（1963年）の東京オリンピック前年に暗渠化（街並み整備工事の一環で川の上にフタ）されるまで地元に親しまれて来ました

この下に流れる川は杉並区和泉2－1にその流れを発し、渋谷区の笹塚～幡ヶ谷～本町を経由して西新宿五丁目（旧淀橋）から神田川に注ぐ全長3㎞の自然河川です

さらに日本の伝説的ロックバンド「はっぴいえんど」の1stアルバム（1970年）のジャケットに写った『ゆでめん風間商店』はこの地で撮影されたものです

「柳橋跡」（柳橋睦青年部　柳睦會）より

霞町の交差点から広尾方面に向かうあたりは笄町と呼ばれていた。交差点近く、バス停前の笄鮨は小ぶりな店構えで、ランドセルを背負う子どもたちがバスを待っていた。

ところは東京麻布十番
折しも昼下り
暗闇坂は蟬時雨
黒マントにギラギラ光る目で
真昼間っから妖怪変化

ももんがーっ
ももんがーっ
おー
ももんがー

「暗闇坂むささび変化」より

「麻布十番暗闇坂、鳥居坂、芋洗（いもあらい）坂。いっぱい坂があって。実家から三田の中等部に通学するのにこのあたりを行ったり来たり。子どもの頃は早く寝ないとモモンガが来るぞって母方の祖母に怒られてね。そんな記憶がないまぜになって『暗闇坂むささび変化』を書いた」と松本さん。


麻布から北にのぼって銀座に出る。

ぼくはかつて父と歩いた雨の日の銀座を思い出した。

露面電車とトロリーバスは雨のなかをゆったり泳ぐ巨大な鯉みたいだった。

銀座中央通りは大きな川で、数寄屋橋も三原橋も川に架かる本物の橋だったのに、名前だけが残り、色とりどりのネオンをゆらゆら映した肝心の川面はもうない。

勝鬨橋を渡ると、ぼくの記憶がさらに鮮やかになった。一度だけ見たことがある。父が小学生のぼくに言った。

「見てごらん、ほら、橋が開くぞ！」

目の前の道路がだんだんと上がっていき、しまいに大きな壁となって行き手をふさぐ。壁に張りついた露面電車のレールがキラキラと西陽に輝いていた。

父は銀座からクルマで10分足らずの、九段にあるミッションスクールで数学と地学の教師をしていた。フランスの小型車ルノーのハンドルを握る父は両切りのしんせいを咥え、運転席の三角窓から初夏の風を集めていた。

晴海通りの勝鬨橋を渡れば、ほどなく海が開ける。東京の川はやがて東京湾へ流れ込む。

「誰だ泣いてるのは……風か……いや水の音だ……河だ、河が流れてる……」とは、「風をあつめて」のリリース翌年に上演された『ぼくらが非情の大河をくだる時―新宿薔薇戦争』のセリフだ。古いパンフレットが自宅の居間に転がっていた。

「風をあつめて」に出てくる「伽藍とした防波堤」は晴海埠頭。振り向くと、そこに「緋色の帆を掲げた都市」が停泊していた。

意表をつく比喩にぼくは言葉を失くした。

「父の本棚にあったボードレールの『悪の華』を覚えていたから」

シャルル・ボードレールは自分の生まれ育ったパリの街を舞台に、官能的で色彩豊かな詩を書き、象徴主義のさきがけとなった。ボードレールのパリは、自分にとっての東京だと、松本は自らの故郷・東京に印象的な緋色の帆を掲げさせた。東京を一艘の船に見立てたのだ。

「ボードレールを読んでいると、道ですれ違った老婆が美しいって出てくる。どういうことだろうって、小学生のぼくは悩んだ。ずっと謎だったんだけど、最近になって、ボードレールは老婆の姿に彼女の少女時代を見ていたんだって、ようやく腑に落ちて。だからボードレールはすごい。普通の人の目だとそこまでいかないじゃない？」

緋色は夕陽の色でもある。

夕陽はなんとも幻想的で、ぼくは子どもの頃、よく眺めていた藤城清治のこびとの影絵を思い出した。緋色を背景に、東京のビルが真っ黒い箱になって無言で立っている。

日没にはまだ時間があった。

夕方の光が空に溢れ、驚くような色彩の変化を見せてくれた。レモン色、濃淡の違う紫色、しまいには灰色……。

2.

レイバンと髭面と幸福な春休み

細野晴臣と初めて会ったのは1968年3月。松本隆が高校を卒業したばかりの春休みのことだった。

友達から教えてもらった電話番号が走り書きされたメモを頼りに、ふたつ上の立教大生、細野の自宅に連絡を入れる。

細野は大学バンド界で名の知れた存在だった。

「会ってください」

松本の申し出に、細野が指定したのが原宿のコンコルドという喫茶店だった。

「高校や大学あたりの2年の差って、ものすごく大きい。いまはどうかわからないけど」

だから松本は甘く見られないように家庭教師のアルバイトで買ったレイバンのサングラスをかけ、詰襟の学生服ではなく、エドワーズのストライプのスーツを着ていった。

「……あのう」

松本は咳払いをし、

「えーっと、ぼくはバーンズというバンドを組んでいるんですが、そこでベースを弾いてくれませんか」

慶應高校で一緒だったベーシストが、大学に入ると公認会計士になるのだとさっさとバンドを脱退していた。

「青山のコッチっていうディスコで、ギャラも悪くないんです」

話を聞いているのかいないのか、目の前で煙草をプカーッと吸う細野は長髪で、おじいちゃん、というか、世捨人の仙人みたいだった。

「だいたい君はさ」

仙人が口を開いた。

「ロックをやるにしては君の髪は短すぎやしないか」

レイバンをかけてきてよかった。サングラスのおかげで動揺が気づかれない。

「……ちょっと歩きませんか」

コーヒー代を払い、松本は細野を渋谷に誘った。

原宿の駅を過ぎ、国立代々木競技場を右手に、サングラスをかけたスーツ姿の短髪と、両手をポケットに突っ込んだ仙人がとぼとぼ歩いた。

「細野さんは細い黒ジーンズに白いトレーナーみたいなのを着ていた。派手なのは田舎者だ、みたいな、そんな雰囲気だった」

身長170センチの細野晴臣と、それより10センチ以上背の高い松本隆。ふたりが目指したのは道玄坂にあったヤマハミュージック東京渋谷店。2階の楽器売り場で試奏ができる。

「細野さん、ビートルズって弾けますか？」

「ビートルズ？　ああ、弾けるとも」

細野が陳列されていたベースを適当に選び、シールドをアンプに繋いだ。

「じゃあ、『デイ・トリッパー』をお願いします」

今度は細野が冷や汗をかく番だった。

おかしいな、どうにも上手く弾けない。こんなことないんだけどな。松本の前で細野が何度も首を傾げた。

「細野さんは『デイ・トリッパー』を弾こうとするんだけど、何回やっても途中でひっかかって」

椅子に座り、ベースを抱える髭面の細野晴臣と、両腕を組み深緑色のレイバン越しに細野を見おろす松本隆。目を合わせた瞬間、ふたりはとても仲良くなり、それ以降、毎日のように連絡をとり合うようになった。

青山生まれの18歳と白金育ちの20歳の幸福な春休みに始まった親交は、半世紀以上経ったいまも変わらず続いている。

3.

はっぴいえんど結成

「でもね、最近、思うんだけど」

松本が、細野との出会いについてこんなことを言った。

「出会う偶然って、意外とないんじゃないかって。それはなにかで用意された必然じゃないかって思う。ひょっとしたら、昔から仕組まれていたことかもしれない」

バーンズというバンドで松本と細野は青山のディスコだけでなく、夏になれば葉山のキャンプストアに出演し、軽井沢の三笠会館のダンスパーティに呼ばれていった。大学生ミュージシャンとして。

「絵に書いたような青春でした。映画の『アメリカン・グラフィティ』ってあるでしょう。アレを地でやっていた」

バンド活動の合間に、2歳上の細野はロックについていろいろ教えてくれた。

「このバンド、良いから聴いてみなよ、とかね。それと聴き比べ大会もしたな。同じ曲でアレンジの違うものを比べて聴いて、どう思う？　って」

松本が知ったのがグレイトフル・デッドとモビー・グレープ。ふたつとも60年代にカリフォルニアで活動したロックバンドだ。

細野のロック講座は1年ほど続き、「遡(さかのぼ)り型聴き方」も伝授された。

ビートルズのレコードをまず手にする。彼らはなにを聴いて育ったか、そんなことを考えながら歌詞とメロディ、それからライナーノーツを探る。グーグルなどなかったから自分の耳で聴き、レコード屋の店員に尋ねたり、ラジオを聴いたり図書館に行ったり。そうすると、リトル・リチャードが出てきて、アメリカのロックンロールにビートルズのルーツがあるとわかる。

細野と松本が活動していたバンド、エイプリル・フールの解散後、69年秋、細野が大滝詠一を新バンドに誘う。もともと細野と大滝はFEN(Far East Network)(現・AFN)のリスナー同士、レコードを貸し借りするロック愛聴仲間でもあった。鈴木茂も細野に呼ばれて松本の自宅に向かった。

「(世田谷の)奥沢が生んだ、とんでもなくギターの上手い天才少年」、鈴木の即興を聴いた松本と細野は目を合わせてニヤリ。

こうして松本隆、細野晴臣、大滝詠一、鈴木茂が揃い、はっぴいえんどの前身「ヴァレンタイン・ブルー」が結成された。

「みんな女の子には縁がない。バレンタインデーには憂うつになるからって細野さんがつけたんだ(笑)」

翌70年3月、「ヴァレンタイン・ブルー」は「はっぴいえんど」に改名する。松本は、1年のうち1日だけより、もうちょっと大きい意味の名前がいいと思っていた。ファーストアルバムのために「はっぴいえんど」という詞を最後に書き、そのレコーディングの帰り道のこと。

「松本、バンド名をはっぴいえんどにしたいと思う」

青山墓地の下の交差点で車を停めて、細野が言った。それで決まった。

慶應大学日吉校舎は全共闘に占拠されて授業はなく、松本は毎日のようにメンバーと会った。

「音楽では食っていけないだろうと思っていた。ロックアウトも半年で解決するだろう。3年くらい細野さんたちと一緒にいて、また大学に戻ればいいやって」

4人とも無名だったが、とにかく毎日が楽しかった。

4.

日本語ロック

ドビュッシーやストラヴィンスキーしか知らなくて、「頭でっかち」だった松本にとって、ビートルズは人生の扉を開けてくれた特別なバンドだった。14歳で「I Want To Hold Your Hand」を聴いた瞬間、これはバンドをやらなくてはと思った。

「日本武道館にも行ったし、女の子たちがあんなにキャーキャー騒ぐのもわかった。東京オリンピックが開催された64年にビートルズに出会ってぼくの人生は変わった。ビートルズがいなかったら、うだつの上がらない窓際族をやっていたかもしれないね」

教室では英語の教科書を叩いて表紙がボロボロになるまでドラムの練習をした。放課後には誰かの家に集まるようになった。いくら練習しても下手なやつは簡単に外され、上手いやつがいると聞けば躊躇（ちゅうちょ）なく声をかける。ロックバンドには残酷な一面もあった。

そうやって始まった松本のバンド人生が、「はっぴいえんど」によって本格的に動き出した。

「当時、ロックのリズムに日本語は合わないっていわれていたのね」

ジミー・ペイジ、ジェフ・ベックと並び世界三大ギタリストといわれたエリック・クラプトンのアドリブを完コピするのがかっこいいといわれる時代だった。でも、それはクラプトンがかっこいいのであって、真似をする人がかっこいいわけじゃないと松本は思っていた。

「ちょうど、つげ義春や永島慎二とか流行（はや）っている頃で、漫画が先端をいっていた。それに比べて、なんだか音楽は遅れているなって。いまだにコピーばっかりで、英語でやっている限り、人のマネするだけじゃないかって」

真似するのは簡単だけど、はっぴいえんどはオリジナルでいかないと。それをどうつくっていくか、だ。

「かっこ悪くてもいい。とりあえず、ぼくらは日本語でいこうよ」

日本のロック・シーンのボスとして泣く子も黙る存在だったユーヤさんこと、フラワー・トラベリン・バンドを率いる内田裕也に喧嘩をふっかけられたのはこの頃だった。

日本語のロックを目指したファーストアルバム『はっぴいえんど』が音楽雑誌「ニューミュージック・マガジン」誌で日本のロック賞1位を獲った時期だった。

「たぶんぼくらのことが怖かったんだろうね。ユーヤさんって勘が鋭い人だから」

松本は懐かしそうな顔をした。

のちに、ソフィア・コッポラは自身が脚本を書き、監督した映画「ロスト・イン・トランスレーション」で、はっぴいえんどの「風をあつめて」を使った。孤独を抱えた男女が異国の街、東京をさまよう物語では「風街」の一角、渋谷スクランブル交差点の大型ビジョンや、そこに浮かぶ色とりどりのネオンが印象的だ。ビル・マーレイとスカーレット・ヨハンソン出演のその作品は全世界で公開され、アカデミー賞主要4部門にノミネート、脚本賞を受賞した。

「『ロスト・イン・トランスレーション』が公開された頃かな。北欧から料理の修業に来日した女の子がいてね。『風をあつめて』を口ずさんでいるのを見て、ぼくたちが考えていたことが正しかったって感慨深かった」

5.

きっかけは「ガロ」

大滝詠一は岩手県江刺市に生まれ、県立釜石南高校を卒業して上京すると、江戸川区小岩にある製鉄会社に就職した。早稲田大学に入ったのはそのあとだ。

はっぴいえんどの前身のヴァレンタイン・ブルーを結成し、東京育ちの自分と大滝の間に共通項はないように思った松本は、「さて、どんな話をすればいいのかな」と思いながら大滝の居候先のアパートを訪ねた。そこで月刊漫画「ガロ」を大滝が愛読していることを知る。「ガロ」はサブカルの象徴で、そこに連載している永島慎二は松本も好きだった。

永島慎二は目黒にあった馬小屋の2階で漫画を描き、手塚治虫のアシスタントを経て「ガロ」に作品を発表、その無頼な生活ぶりから「漫画界の太宰治」とも呼ばれていた。

「ガロを読んでいるんだ。その世界なら大滝さんもわかるんじゃないかって、一晩かけて書いたのが『春よ来い』です」

青山育ちの松本と、四畳半の世界にいた大滝が交差した瞬間だった。

「春よ来い」には当時若者が抱えていた鬱屈が入っていると松本は言う。この作品が収められたファーストアルバム通称「ゆでめん」が発表されたのは1970年。ラブ&ピースのカウンターカルチャーと学生運動の昂り(たかぶり)は、69年のウッドストックと東大紛争の敗北で燃え尽きたかのようだった。

「春よ来い」は、「なにもすることがなくなった」同世代の心情を、粘りのあるドラムと歪みを利かせ蛇のようにそこに絡みつくギターワークで、アメリカ南部の「スワンプ(swamp=沼)ロック」顔負けに湿り気をもって表現するロックのマスターピースになった。

「都会っ子ばかりだったはっぴいえんどに大滝さんが入ってくれて地面に足がついた」


バンドを組んだのはいいが、細野と大滝は議論ばかりしていた。若者は議論するもの。そんな時代だった。

「せっかく御苑スタジオに集まったのに」

しびれを切らした鈴木がそろそろ練習を始めようよとギターを鳴らすが、いちばん年少の言葉なんて、兄さんたちは聞いちゃいない。

ファーストアルバム『はっぴいえんど』が「ゆでめん」と呼ばれるのは、ジャケットによる。ジャケットを描いたのは林静一。「ガロ」に「赤色エレジー」を連載していた林に松本が直談判した。

「失われた東京の風景を散歩する。ぼくたちが目指しているのはそんなロックなんです」

松本の説明を聴いた林は、自宅そばの路地裏に置き去りにされた奇妙な製麺所を思い浮かべた。それが「ゆでめん」の看板を掲げた風間商店だった。

町工場が描かれたジャケットの裏にはアーティストたちの名前が手書きで記された。

バッファロー・スプリングフィールド、モビー・グレープ、ザ・バンド……自分たちが影響を受けたミュージシャン。リッチー・フューレイ、スティーヴン・スティルスがニール・ヤングを誘って結成した「バッファロー・スプリングフィールド」のジャケットがお手本だった。

「自分たちが影響を受けたものをきちんと聴き込んで、それを一度全部ばらし、因数分解する。コードやメロディ、歌詞がどう時代と結びついているのかを考え、そこからもう一度組み立てていったのが『ゆでめん』なんだ」


リリース翌年、71年は東京に住む音楽少年にとって画期的な年となった。

2月にブラッド・スウェット・アンド・ティアーズ（日本武道館）、4月にフリー（神田共立講堂）、6月シカゴ（日本武道館）、7月グランド・ファンク・レイルロード（嵐のなかの後楽園球場）、8月には霧に包まれた箱根アフロディーテでのピンク・フロイド（ヒッピーだった武蔵野美術大生の村上龍さんは、バックステージのPA搬送口からニッポン放送のスタッフに入れてもらったと聞いたことがある）……、9月はレッド・ツェッペリン（日本武道館）、

10月はエルトン・ジョン（新宿厚生年金会館大ホール）が相次ぎ来日し、レコードと写真でしか知らない（ミュージック・ビデオなんてなかった）世界のロックグループが目の前にいる！と、祭りのような熱狂が続いた。

ベトナム戦争が泥沼化するなか、ビートルズ時代に「レボリューション」を歌ったジョン・レノンが「イマジン」を発表、これからどう生きていくかを考える「内省」の道筋をつけた。同じ時期、はっぴいえんどは2作目のアルバム『風街ろまん』を送り出す。そこに収められたのが「風をあつめて」だった。

ファーストアルバムから1年経ち、世界の音楽の流れは変わりつつあった。自分の世界を、自分の言葉で語るように歌うシンガーソングライターの時代になった。

6.

5人目のメンバー

松本隆には小学校以来の親友がいる。図書室で出会った石浦信三だ。

港区立青南小学校は、番町小、白金小に並んで公立御三家と呼ばれている。OBには、岡本太郎、斎藤茂太・北杜夫兄弟、オノ・ヨーコ、後輩には俳優の高橋一生がいる（戦前の内閣鉄道院の官僚で、タイタニック号処女航海の日本人乗客だった祖父を持つ細野晴臣は、白金小に通っていた)。

「石浦は隣のクラスだったんですよ。算数の天才だって噂になっていた。図書室にいつもいるっていうんで、話してみたら意気投合。ぼくには再従兄(はとこ)の家庭教師がついていて、隆くん、円周率は『3・14』だけじゃなくてその先もいっぱいあるんだって教えてくれた人なんだけど。そんな彼にしごかれ、円周率を20何桁まで言えるようになった。でも、石浦は30桁以上言えた(笑)。これはとても敵わないって」

ふたりは図書室で待ち合わせ、本を競うように読み、石浦の家の居間にあったステレオの前でビル・エヴァンスを聴いた。ビル・エヴァンスはクラシック音楽の影響を受けた優雅なピアノタッチのモダン・ジャズピアニスト。

「石浦の兄貴のレコードライブラリーから。ジャズもちょっとかじったんだ」

小学生でビル・エヴァンスを聴くませたふたりは揃って慶應義塾中等部に入学する。

「三田からいつも一緒に帰りました」

連れだって歩くふたりの姿を想像して、ぼくは松本が中学時代に愛読したというジャン・コクトーのエピソードを思い出した。

コクトーにはひと回り以上歳の離れた若き友人がいた。レイモン・ラディゲ。

1919年初夏に出会い、ラディゲが二十歳で夭折する1923年まで、互いに作用し合う関係が続いた。

この出会いは双方にとってまさに事件でした。これ以後、二人は刺激を与えあい、ともに持ち前の古典期な美意識にさらに磨きをかけながら作品を生みだしていくのです。

『ドルジェル伯の舞踏会』ラディゲ・著　渋谷豊・解説より

フランス文学者の渋谷豊はラディゲについて、「知的な面でも驚くほどの早咲きで、まだ半ズボンが似合う年頃で父親の書斎にある文学書を片っ端から読んでいます」と述べているが、この姿は小・中時代の松本と石浦そのものではないか。

はっぴいえんどを結成した松本は、大学に進み学生運動に没頭していた幼なじみの石浦信三に誘いの連絡を入れた。

「新しいバンドだ。日本語でロックをやる。ついてはマネージメントが必要になった。君は計数の天才だろ」

はっぴいえんどの〝5人目のメンバー〟となった石浦はマネージメントを引き受け、音楽企画集団「風都市」を立ち上げた。

「石浦が（ヴァルター・）ベンヤミンの『ベルリンの幼年時代』に傾倒していた。ベンヤミンにとってのベルリンや、ボードレールのパリにあたるのがぼくらにとっては東京だよねと、そんな話をするなかで『風をあつめて』を書いた」

裕福な家庭に育ち、エリート校に通ったボードレールやベンヤミンがパリやベルリンといった、最先端の都市に向けた初々しくも懐疑的な眼差しは、東京のシティボーイたちに引き継がれた。

風都市は渋谷のライブハウスB・Y・Gのブッキングやライブも企画し、アルバムジャケットのアートワークも手がけた。ファーストアルバム『ゆでめん』裏の手書き文字は松本と石浦によるものだ。

7.

作詞家に転職

はっぴいえんどの活動はたった3年で終わりを告げる。

「実をいうと、和気あいあいという雰囲気はなかったんだ。みんな個性がありすぎてね。ひとりでさえわがままで面倒くさいのが4人集まったのがはっぴいえんどだから（笑）」

彼らがお手本にしたバッファロー・スプリングフィールドではスティーヴン・スティルスとニール・ヤングの主導権争いが絶えなかったが、はっぴいえんどでも細野晴臣と大滝詠一が互いのライバル意識で、音楽について譲り合うことは稀だった。

1973年9月、後楽園そばの文京公会堂で行われたはっぴいえんど解散ライブには南佳孝、吉田美奈子が出演し、山下達郎と、ター坊こと大貫妙子らのシュガー・ベイブもコーラスでステージに上がった。

バンド解散後、細野は鈴木茂、林立夫、松任谷正隆を誘ってキャラメルママを結成（彼らはのちにティン・パン・アレーとしてユーミンのアルバムを手がけることになる）、大滝は「笛吹銅次」というエンジニア名で、山下達郎とシュガー・ベイブのアルバム『SONGS』に取りかかる。

残された松本はひとりビートルズを聴いた。ビートルズは音楽の扉を開けてくれたのだと思いながら。そこで気づいたのは、ビートルズは「量」を売っていたということだった。

「（はっぴいえんどの）ぼくらは、わりと頭の良い層に向けて曲をつくっていた。大学生とかね。でも、いちいち説明しないとわかってもらえないものはしょせん半端なんじゃないかって気づいたんだ。普通の人に、いい歌だねぇって言ってもらえるような、これからはそういうものをつくっていかないと心が持たない」

そんなとき、チューリップとアグネス・チャンの仕事が舞い込んだ。チューリップの「夏色のおもいで」に続き、アグネス・チャンには「ポケットいっぱいの秘密」の歌詞を書いた。アグネス・チャンはNHK紅白歌合戦に出場するようなアイドルだったから、松本は「向こう側」へ行ったと陰口を叩かれた。孤独を感じていたある日、NHK教育テレビの3チャンネル（現・Eテレ）をつけると、ハイキングを楽しむ養護学校の子どもたちが「ポケットいっぱいの秘密」を歌っていた。

「勝ったって思った。みんなの癒やしになるものをつくりたかったんだ。ぼくもやっと、はっぴいえんどから転職できた」

8.

時代を創る

作詞家としてスタートを切った松本には、勝算と教養の裏づけがあった。歌謡曲は型にはまっている。音楽はもっと自由で、もっと多様で、もっと深く文学的でないと、と思った。

タイトルや歌詞に敢えて漢字を使う。ボードレールやジャン・コクトーの言葉のセンスを歌詞に生かす。「ロックに日本語を取り入れたはっぴいえんど」での創作手法を存分に取り込みながら、75年、「木綿のハンカチーフ」を発表、原田真二、近藤真彦、竹内まりやなどの楽曲を手がけ、あっというまに人気作詞家に上り詰め、81年には寺尾聰「ルビーの指環」で日本レコード大賞を受賞した。

はっぴいえんど解散以来、ほとんど顔を合わせていなかった大滝詠一が、たまプラーザにあった松本の自宅を訪ねてきたのはその少し前のこと。ソロアルバムをつくる、また一緒にやりたいという。

「アルバムジャケットはこんな感じでいこうと思っている」

2回目の打ち合わせで大滝が永井博の南国リゾート風のイラストを持ってきた。プールにヤシの木、強い陽射しと影のくっきりとしたアートワークを見た松本が歌詞にとりかかろうとした矢先、6歳下の妹、由美子が亡くなる。26歳だった。

彼女は生まれつき心臓が弱かった。小学校のときは、すぐ息が切れてしまう由美子の分も松本はランドセルを持ち、手を引いて通学した。まわりと同じように生きたい。病気を抱えながら短大に通い、自分なりに青春を謳歌して、勤め先で倒れた。その由美子がこの世を去って、あたりの景色は痛いほどの白い光でぎらつき、松本の気力を奪っていった。通い慣れた喫茶店、レコード店やライブハウスが並ぶ渋谷の街がしまいに真っ白になった。心は壊れかけ、言葉を喪い、もう限界だ。

「どうしても無理だ。他の人に頼んでくれないかな」

大滝は、今回のアルバムは松本の詞ありきだからと、自分の誕生日に合わせていたリリース予定日を延期した。

「大切な人が死ぬと風景は色を失う。何色でもいい。蘇ってぼくの心を染めてほしいとの願い」から「君は天然色」が生まれた。

想い出はモノクローム
色を点けてくれ
もう一度そばに来て
はなやいで
美しの　Color Girl

「君は天然色」より

松本は書くことで立ち直った。

「君は天然色」が収められたアルバム『A LONG VACATION』は2010年には音楽雑誌

「レコード・コレクターズ」の特集「日本のロック・アルバム・ベスト100（1980年代編）」で第1位に選ばれ、これまでに300万枚以上のセールスを記録するなど、人気は一向に褪せない。

「君は天然色」と妹の死とのつながりを松本が大滝に伝えることはなかった。ずっとあとになって、言ってもいいかなと思った矢先、大滝は急逝してしまう。2013年の暮れも押し迫った12月30日のことだった。

永井博がイラストを描いた『A LONG VACATION』のアルバム・ジャケットのやや右寄り、プールサイドの奥に白いパラソルが立っている。このパラソルが、松本が松田聖子に書いた「白いパラソル」のモチーフになった。

『A LONG VACATION』と並行して、CBSソニー内では松田聖子プロジェクトが始まっていた。

「松田聖子は、ぼくにとってコニー・フランシスだったんだよ。ぼくのいちばんやりたいことを彼女の声が持っていた。だからこの『声』を書くべきだって」

コニー・フランシスはイタリア系アメリカ人で、女性初のロックンロール・シンガーである。「バケイション」「ボーイ・ハント」「可愛いベイビー」など、日本でも多くの曲がカバーされた。

「松田聖子」というブランドは、レコード会社として後発のCBSソニーが一挙に主役の座を狙うプロジェクト・コード名でもあった。

トップアイドルに躍り出た松田聖子にCBSソニーが切ったカードが「松本隆」。生き馬の眼を抜く競争社会で、普通であればひたすら酷使され、呑み込まれ、消費されてしまうのに、松本は大滝詠一、呉田軽穂（ユーミンこと松任谷由実のペンネーム）、細野晴臣、財津和夫といった「こちら側の世界」にいた仲間たちを招き入れながら彼らのメロディに自らの歌詞を乗せ、チャート1位を17曲も成し遂げる。消費されるどころか、誰も真似できない全く新しいオリジナルの世界を切り拓いていった。

「『赤いスイートピー』に半年経っても手も握らないと書いたのは、当時、女子高生が性に関して無防備だってマスコミに取り上げられていたから。ハスッパな子はクラスにひとりやふたりはいるかもしれない。でも、みんながみんなそうだってことはありえない。ぼくはそういう世相と逆のことを詞にした」

普通の、誠実でまっとうな生活にこそリアリティがある。松本はそんな思いで詞を書き、日本の音楽地図を塗り替えていった。

9.

ありったけの愛

　時計の針を少し巻き戻す。松本隆がチューリップに書いた「夏色のおもいで」がリリースされてまもない頃。一本の電話が「風都市」に入った。「風都市」と同じ街、市ヶ谷にあった「黒ビル」（CBSソニー）のディレクターからだった。

「筒美京平先生が君に興味を持っている。よければ一度会ってくれないか」

　国立競技場そばのマンションに松本は向かった。「向こう側の世界」の本丸、筒美京平のアトリエだった。大御所だった筒美に、押しの強い強面（こわおもて）を想像した。ロックバンド出身の自分がそんなところへ足を運んでいいのだろうか。

「筒美です。今日は来てくれて、ありがとう」

　予想したイメージとは裏腹に、見るからに上質そうなジャケットを着た筒美が「はじめまして」と右手を差し出した。柔らかな温かい手だった。30畳ほどもある広い部屋にはフルコンのグランドピアノが置かれていた。

　初等科から青山学院に通った筒美はポリドール・レコードに就職し、洋楽ディレクターとして浴びるほど洋楽を聴いた。大学の先輩で売れっ子作詞家だった橋本淳（じゅん）に誘われ、作曲を始める。

「居間にはすごくいいオーディオが置いてあってね、隣にあった、レコードしか置いてない資料部屋から20枚くらいレコードを持ってきて、一緒に聴くの。聴くっていっても、イントロから一番の半分くらいまで。当時はレコード針でしょ。一番の半分くらいまで聴くと、あとはもういいやって感じで、2曲目のイントロに針を落とす。すごく難しいけど、京平さんはその名人だった。針を落とす名人。鑑賞じゃないね。自分の素材になるか、使えるか使えないか。ビジネスだね」

太田裕美の唄う「木綿のハンカチーフ」で「松本隆と筒美京平の時代」は幕を開ける。

「演歌で男を女が歌う曲はあったけど、当時のポップスとしては冒険だった。ぼくが書いた詞に京平さんが曲をつけることになっていて。ところがぼくが通常の倍くらいの長さを書いたものだから、京平さんは『書き直せ』って文句を言おうと一晩中ディレクターとぼくを探したらしい。でも捕まらなくて。そうこうしているうちに、翌朝いい曲ができちゃったって(笑)。あの晩、捕まっていたらこの曲は生まれていないんです」

裏方に徹した筒美がメディアに出ることは滅多になかったが、松本が出演したNHK-FM「松本隆作詞講座3」(1984年8月15日放送)にコメントを寄せている。

「なんて言ったらいいのかな。いままでの作詞家に比べて音楽っぽいのかな。世界が音っぽい。メロディと詞は相反しながら、戦いながらというところが、歌をつくるときにあったのが、

（松本の詞は）音とサウンドとかと一緒になっちゃうというのがいちばんの特徴だったと思います。頼もしいし、素敵だなと思うし、追い抜かされたなとも思う。ぼくなんか（この世界が）長いでしょう。こういうひとつの商売というか、職業の形というのが身についちゃっているし、それがいいとか悪いとかというと別の問題になっちゃうけど、彼なんかはひとつの作詞家に縛られなくても、いろいろトライしてもらいたい。好きなことをどんどんやってほしいなと思います。作詞家の大先生『松本隆』とか、そういうのじゃなくて。はっぴいえんどのときみたいに好きなことをやってほしいなと思います」

2020年10月、筒美の訃報に接した松本はこんな言葉で哀悼を表した。
「ぼくが京平さんからもらったものは、ありったけの愛。彼ほどぼくの言葉を愛してくれた人はいない。ありがとう、京平さん」

翌年の4月17日。ぼくは東京国際フォーラムに出かけていった。筒美京平をトリビュートする「ザ・ヒット・ソング・メーカー 筒美京平の世界 in コンサート」で、筒美と松本が生み出した作品を自分の目で見て、聴いてみよう。

ステージには、麻丘めぐみ、伊東ゆかり、稲垣潤一、太田裕美、郷ひろみ、斉藤由貴、C-C-B、ジュディ・オング、野口五郎、NOKKO、平山三紀、松崎しげるらが登場、60年代から半世紀にわたって3000曲近くを送り出した作曲家人生に相応しい、壮大な試みのライブだった。

「ブルー・ライト・ヨコハマ」「わたしの彼は左きき」「真夏の出来事」「魅せられて」「男の子女の子」「また逢う日まで」……。

ゴージャスなアレンジは往年の音楽番組「夜のヒットスタジオ」や「サウンド・イン"S"」を思い起こさせ、テレビ黄金時代の幻影のようにも思えたが、「木綿のハンカチーフ」のイントロが流れ、太田裕美が歌い始めると観客が身を乗り出し、会場の雰囲気ががらりと変わった。懐かしい幻影などではなく、フレッシュな「いま」が現れた。

「ぼくのなかのなにかが京平さんを確実に変えた」と松本は言う。

「ビジネスとして京平さんは洋楽を聴いていて、好き嫌いがどこかに消えちゃったんだよね。自分の素材になるかならないか。ぼくにもビジネスの部分はあるけど、半分に、捨てきれない自意識があった。そこが京平さんとのいちばんの違い。京平さんは天才だし、尊敬している。ぼくと会って、『木綿のハンカチーフ』で京平さんは世界を広げた。2倍生きた。それはお互い様。ギブ・アンド・テイクのもっとも理想的な形だよね」

日本語をロックに乗せ、あくまでオリジナルを目指した革命的ロックバンドはっぴいえんど出身で、24歳の青年だった松本隆が「歌謡界の帝王」と出会い、触発し合って生まれた作品は日本のポップスの新たな風となった。

ライブの前に、ぼくは有楽町の三省堂書店に立ち寄っていた。発売されたばかりの「文藝春秋」に「作詞家50年 松本隆『僕が出会った天才作曲家たち』」の特集記事が掲載されていたのだ。その分厚い雑誌を抱えライブ会場に入ると、なんと松本さんが客席に座っていた。「お久しぶりです」と挨拶し、ぼくは「松本隆」の詞が歌われるステージを、松本さんご本人と観ることになった。

終演後、「弾き語りの（太田）裕美でダムが決壊。苦労とか大ヒットとか、50年分の記憶がまとめて天から降ってきた」と松本さんは語った。

涙腺の崩壊はぼくも同じだった。ステージの上では斉藤由貴がデビュー曲「卒業」のラストで目を潤ませていた。筒美京平からの「ありったけの愛」。松本隆の歌詞を口ずさむ聴衆の目にはたくさんの涙があった。

あとがき

延江浩

1980年代初頭、大学を出てFM局に入社したばかりのAD（アシスタントディレクター）だったぼくが、まず担当したのが松田聖子さんの番組だった。

『松田聖子〜ひとつぶの青春』は大阪に本社があった江崎グリコの提供（番組タイトルにある「ひとつぶ」はアーモンドグリコの「1粒（ひとつぶ）で2度おいしい」というキャッチコピーから）の全国ネットプロ。毎週日曜、午後2時からのオンエアだった。

毎週何百通も届くリスナーからのハガキ（メールなどなかった！）の仕分けや、CMチェック、弁当手配、リスナーの見学会、収録素材の粗編集とADはなんでもしなければならず、一日24時間ではとても足りない毎日だった。

市ヶ谷の外堀通り沿いにあるCBSソニーから届くのは5インチのオープンリール。白い小箱にマジックで新曲のタイトルが書かれていた。真新しい磁気テープの封を切り、再生機にかけ、レコードにプレスされる前の作品を誰よりも早く聴く。

小箱には歌詞のコピーが丁寧に折り畳まれ、作曲者の欄には「細野晴臣」「大滝詠一」「呉田軽穂」と眩暈(めまい)がするような名前が手書きで記されていた。そして作詞家は「松本隆」。松本隆という作詞家がぐんぐんメジャーになっていく時期だった。「はっぴいえんど」の世界を踏襲しながら、深い文学性とセンスで日本の作詞界のすべてを塗り替えてしまう過程にあった。この音源が何十万枚もプレスされ、途方もない利益を生み、音楽業界を潤すことになる。小箱を持つぼくは緊張した。

「はっぴいえんど時代につくった彼のスタイルは、ずっとその後、いまだに延長している。そのときのエネルギーが、爆発が持続しているんじゃないかと思います」

これはNHK－FM「松本隆作詞講座3」で細野晴臣さんが松本さんを語った言葉だ（1984年8月15日放送）。

グリコポッキーのCMソングだったこともあり、松本さんが作詞した「風立ちぬ」は番組で何度もオンエアされた。

生きることより死ぬ意味を、同時に死を超えて生きる意味も問う堀辰雄の青春小説と同じタイトル。「風立ちぬ、いざ生きめやも（"Le vent se lève, il faut tenter de vivre"）」と、ポール・ヴァレリー『海辺の墓地』の一節を冒頭に付したこの小説は、「普通の人々がもう行き止まりだと信じているところから始まった」（『日本文学全集　堀辰雄』解説・福永武彦）物語である。ふたりの関係は「いくぶん死の味のする生の幸福」であり、「二人が幸福だと思い合えば合うほど、読者はこの二人の婚約生活を悲劇として感じないわけにはいかない」と、福永武彦は解説している。

松本さんは、そんな恋人たちを「草の葉に口づけて／忘れたい 忘れない あなたの笑顔／想い出に眼を伏せて／夏から秋への不思議な旅です」としたためた。一期一会の恋を分かつ死の厳しさと、それでもひとりで生きていく主人公を思い浮かべて、ぼくの心は震えた。

それから40年近くが過ぎたある日、ぼくは松本さんにメッセンジャーを送った。「松本さんの本を手がけたく存じます。言葉の源を伺いたいのです。それを歌詞にする成り立たせ方も。これは心の中でずっと温めていました」

「どうぞ、おやりなさい」

翌朝、松本さんから返信があった。

松本さんは、瑞々しい言葉の水源を持つ森の中で風を感じ、世の中の流れを感じとりながら人々を幸福な時間に誘う吟遊詩人だ。

森を歩くと、下の世界では聴こえなかった水の音に出会う。こよなく山を愛した元祖哲学少年、串田孫一さんは山を流れる水の音を「少人数の室内楽のように思われた」(『山のパンセ』岩波文庫)と書いている。

「真っさらな状態がベスト。そこから浮かんでくる言葉で表現する」。松本隆という「言葉の教室」の先生から話を聴く時間は、さながら言葉の森を散策しているようだった。そよかぜ、樹海(もり)、雲間、青空、小石……。ぼくは松本さんが自身の記憶を歌詞に置き換えていったことを反芻(はんすう)しながら授業を受けた。

詞の創作にあたって、かつて松本さんは真新しい大学ノートに注意深く言葉を書き留めていったのだろう。まだ無名の17歳、荒井由実が思わず「綺麗な字」と呟いた横書きの字を、壊れやすい美術品をそっと床に置くように。

ナイーブな、都会で生まれ育った清潔感のある松本さんの声を聴いていると、柔らかな照明がふっと灯る気がした。

フランソワーズ・サガン『悲しみよ こんにちは』、フランソワーズ・アルディ『さよならを教えて』、ソフィア・コッポラ『ヴァージン・スーサイズ』、レノン&マッカートニー『シーズ・リーヴィング・ホーム』……。10代特有の悩みを持ちながらも憧れを抱くイノセンスは幾多の青春文学を生んできたが、松本さんの歌詞もその群像に連なるアートだ。松本さんがしたためた歌詞は、失われてしまった会話を思い出させてくれる。あのとき、あの場所で交わした言葉。会ったばかりなのに好き過ぎて悲しくなった気持ち。辛いけど懐かしい。遠い南の島、プールやさざなみ、ディンギーの上など、歌詞から思い浮かべる時と空間はどこまでも切なくて、心地よい。

言葉の教室(レッスン)が進むごとにピアノのレッスンを受けていた幼少期を思い出した。上巻の赤いバイエルを抱えて通った日々。レッスンをこなし、下巻の黄色いバイエルに進んだときの誇らしさを味わった。

膨大な言葉が瞬時に飛び交うネット空間では誹謗中傷が心を深く傷つけること

がある。そんな時代に言葉の森から現れた松本さんは、ミレーの「種まく人」の絵のように、言葉が持つ本来の慈しみを教えてくれた。

「松本さんはとてもすごい人なのに、なぜぜんぜん威張らないんですか?」

ぼくが尋ねると、松本さんは「え?」というような表情で微笑んだ。

「威張るなんて、そんなこと、考えたこともない」

いまでもおいしそうな店を見つけると、行列の最後尾に並び、麻布にある行きつけの老舗の蕎麦屋では、気軽に細野晴臣さんと待ち合わせる。

ある夜、ぼくは「風街」で財布を落とした。

困ったなぁ。途方にくれながら翌朝から兵庫県淡路島への取材に出かけていった。

「財布、落としたでしょ」

局のデスクから連絡があったのはその3日後。島のグランピング・レストランでハンバーガーを食べているときだった。

青山の八百屋さんが、財布の中の名刺を頼りに、局に連絡を入れてくれた。拾い主は90歳を超えたご婦人で、落とし主はいずれ戻ってくるだろうと庭先のポストの上にそのまま置いていたそうだ。2日経っても現れない。仕方なく、彼女は近所の八百屋さんに財布を預けた。

ぼくは八百屋さんのご主人に電話をして礼を言い、淡路島名産の玉ねぎを土産に（八百屋さんにタマネギ！）、訪ねていった。

「八百屋さんならそのうち野菜でも買いに来るでしょうって。そのときにでも渡してくれって言われてね」

ぼくの財布は1週間ほど風街を散歩していたことになる。笄町のイタリアンレストラン前から、民家の庭先、そして地元・麻布の八百屋さんへ。

近所で起きたちょっとした出来事だからか、誰も警察に届けたりはしない。

松本隆を生んだ風街とは、そんな街だ。

本文中、一部敬称を略しました。

参考文献

『悪の華』ボードレール著　堀口大學訳　新潮文庫
『ランボー詩集』堀口大學訳　新潮文庫
『ぼくらが非情の大河をくだる時』清水邦夫著　新潮社
『ドルジェル伯の舞踏会』ラディゲ著　渋谷豊訳　光文社古典新訳文庫
『日本文学全集　50堀辰雄集』福永武彦解説　集英社
『新選　山のパンセ』串田孫一著　岩波文庫

装画　福田利之
ブックデザイン　名久井直子

松本 隆

1949年東京都生まれ。作詞家。

港区立青南小学校、慶應義塾中等部、高等学校を経て慶應義塾大学商学部入学。

1969年細野晴臣、大滝詠一、鈴木茂と「ヴァレンタイン・ブルー」（のちに「はっぴいえんど」に改名）を結成。ドラムと作詞を担当。1970年ファーストアルバム『はっぴいえんど』通称「ゆでめん」を、翌年アルバム『風街ろまん』をリリース。

「はっぴいえんど」解散後は作詞家兼音楽プロデューサーとして南佳孝の『摩天楼のヒロイン』などを手がける。アグネス・チャンの「ポケットいっぱいの秘密」で歌謡界に本格進出し、筒美京平作曲で太田裕美が歌った「木綿のハンカチーフ」で作詞家としての地位を確立。

1981年寺尾聰の「ルビーの指環」で第23回日本レコード大賞受賞。松田聖子、薬師丸ひろ子、斉藤由貴、中山美穂、C-C-B、KinKi Kidsなど数々のアーティストへ詞を提供し、日本の音楽シーンを牽引してきた。

2021年7月、作詞活動50周年を記念するトリビュートアルバム『風街に連れてって！』をリリース。

https://twitter.com/takashi_mtmt
https://www.instagram.com/takashi_mtmt/

協力

松本隆事務所
(株)プエルタ・デル・ソル
堀越信哉
土橋一夫・伏見竜也（森のラジオ）

延江 浩

1958年東京都生まれ。慶應義塾大学文学部卒業。TFM「村上RADIO」ゼネラルプロデューサー。国文学研究資料館・文化庁委託事業「ないじぇる芸術共創ラボ」委員。小説現代新人賞のほか、手がけたラジオ番組がABU（アジア太平洋放送連合）賞ドキュメンタリー部門グランプリ、日本放送文化大賞グランプリ、ギャラクシー大賞、放送文化基金賞最優秀賞、日本民間放送連盟賞最優秀賞、ＪＦＮ大賞を受賞。著書に『いつか晴れるかな～大鹿村騒動記』（原田芳雄主演・阪本順治監督「大鹿村騒動記」原案）、『愛国とノーサイド 松任谷家と頭山家』『小林麻美 第二幕』などがある。「週刊朝日」で「RADIO PA PA」、「銀座百点」で「都市の伝説－銀座巡礼」、共同通信で「RADIO BOYが行く！」を連載中。

松本隆 言葉の教室

2021年11月16日　第1刷発行

著　者　延江 浩
発行者　鉄尾周一
発行所　株式会社マガジンハウス
〒104-8003
東京都中央区銀座3-13-10
書籍編集部　☎03-3545-7030
受注センター　☎049-275-1811

本文ＤＴＰ　米山雄基
印刷・製本所　株式会社千代田プリントメディア

ISBN978-4-8387-3187-9 C0095

JASRAC 出 2108373-101

マガジンハウスのホームページ　https://magazineworld.jp/